U0906061

華中科技大學出版社
http://press.hust.edu.cn
中国 · 武汉

# 前言 Preface

欢迎你踏上这场奇妙的历史文化之旅——一次穿越时间和空间，与文物对话的机会。在这套图书中，我们将带你走进10座极富特色的中国博物馆，一窥那些见证历史沧桑、承载文明智慧的国宝。

每一座博物馆都是一座宝库，不仅收藏着数不清的历史珍品与艺术精品，更蕴含着无尽的知识和故事。在这些博物馆宁静的大厅里，时间似乎停滞了。古代工匠们的智慧和才能，历史的波澜和变迁，使得每一件展品都鲜活起来，等待着我们去发现和了解。

从甘肃省博物馆的历史厚重到首都博物馆的皇家气韵，从成都博物馆的天府风采到广东省博物馆的岭南风情，从布达拉宫的神秘庄严到敦煌博物馆的视觉震撼，从殷墟博物馆的商代遗迹到秦始皇帝陵博物院的兵马雄风，再到中国丝绸博物馆、新疆维吾尔自治区博物馆的地域特色，本套图书将为你开启一扇时光之门，带你走进一处处国家宝藏胜地。

我们深知，以一套书的有限篇幅，无法完整展现每座博物馆所有重要的国宝。于是，我们从文物的历史和文化价值、工艺水平、独特性与创新性，以及社会知名度和影响力等多方面综合考量，精心挑选了每座博物馆的20～24件最具代表性的珍贵文物。它们有的是各自博物馆的镇馆之宝，有的是某个时代的历史见证。此外，为了让读者更清晰地对文物进行了解和比较，我们将文物按不同类型来介绍。通过这些文物，读者不仅能欣赏到数千年间的艺术瑰宝，更能深入探索中华文明的发展脉络，体会历史的深度与厚重。

你即将翻阅的是甘肃省博物馆分册。馆内珍藏琳琅满目，宛如一部厚重的史书，书写着甘肃这片土地的灿烂篇章。精心遴选的文物，宛如时光的使者，引领你穿梭千年历史，领略陇原大地的深厚底蕴。这里是历史与现代的交融之所，每一件展品都铭刻着岁月的沧桑，彰显着古代陇原人民的非凡创造力与独特审美。从闻名遐迩的铜奔马到古朴精美的彩陶器皿，从丝绸之路的遗珍到佛教艺术的瑰宝，它们宛如历史的回响，让你在每一次端详中都能感受到文化的力量，与往昔交流，与文明相拥。

我们相信，这不仅是一次认知和学习的过程，更是一次心灵和情感的旅行。我们希望，这套图书能够激起你对历史的好奇心，唤起你对传统文化的尊重和保护，更希望这趟文化之旅成为你心中宝贵的记忆。

目录 Contents

甘肃省

# 博物馆概况

甘肃省博物馆（Gansu Provincial Museum）是国家一级博物馆、中国最早成立的综合性博物馆之一，坐落于甘肃省兰州市七里河区西津西路3号。该博物馆前身是成立于1939年的甘肃科学教育馆，1956年更名为甘肃省博物馆。

## 位置与规模

甘肃省博物馆于1958年迁入新馆，1999年经省政府立项对原展览大楼进行改造和扩建。2006年12月26日，展览大楼正式对公众开放。馆舍占地108亩（7.2万平方米），其中展览大楼总面积为2.85万平方米，内置展厅18个。馆藏历史文物、自然标本8万余件（组），汇聚了甘肃省从远古时代到近现代的众多文化瑰宝，其中以甘肃彩陶、汉唐丝绸之路萃宝、佛教艺术珍品、汉代简牍文书、古生物化石等为馆藏特色及重点。

自成立以来，甘肃省博物馆积极开展文物保护与研究工作，并于2011年获得国家文物局授予的“可移动文物修复一级资质”和“可移动文物技术保护设计甲级资质”。同时，博物馆还举办了近300场展览，吸引了大量国内外观众前来参观。馆内藏品还多次赴美国、法国、意大利、日本等国展出，为推广中国的历史文化做出了重要贡献。

## 发展历程

甘肃省博物馆始终坚守文化传承使命，从1939年成立的甘肃科学教育馆起步，历经多次更名、扩建、免费开放和文创发展等阶段，逐步成长为国家一级博物馆。通过开设展览、对外交流，积极传播甘肃历史文化、丝绸之路文化，成为弘扬中华文明和促进文化交流的重要窗口。

### ○ 初创奠基阶段

甘肃省博物馆的前身是1939年成立的甘肃科学教育馆，1950年更名为西北人民科学馆，1956年正式更名为如今的甘肃省博物馆，1958年甘肃省博物馆迁入新馆。这一阶段，甘肃省博物馆从无到有，逐渐成长为省级博物馆，为其后的发展奠定了坚实的基础。

### ○ 稳步发展阶段

1999年经省政府立项，甘肃省博物馆开始对原有的展览大楼进行大规模的改造和扩建。经过多年的努力，2006年12月26日，改造后的展览大楼正式对外开放。2012年，甘肃省博物馆跻身国家一级博物馆行列。这一时期，甘肃省博物馆在各个方面都取得了长足进步，逐渐发展成为国内知名、具有重要影响力的综合性博物馆。

### ○ 快速提升阶段

2021年1月，甘肃省博物馆的扩建工程批复立项，并于2022年6月举行了扩建工程的开工奠基仪式。2024年6月，甘肃省博物馆艺术生活馆正式开馆。近年来，甘肃省博物馆不仅通过现代化建设进一步提升了自身的硬件设施和服务能力，还在文化传承与创新方面取得了突出成就。

甘肃省博物馆依托甘肃省深厚的文化底蕴和丰富的历史遗存，拥有极为丰富的馆藏资源。馆内藏有各类珍贵历史文物和自然标本8万余件（组），其中一级文物686件（组）（包括16件国宝级文物）、二级文物2606件（组）、三级文物48164件（组），涵盖了甘肃省从远古时期到近现代的众多文化瑰宝。

### ○ 甘肃彩陶

甘肃素有“彩陶之乡”的美誉，甘肃彩陶历史悠久、源远流长，文化脉络清晰完整，数量众多且工艺精湛，生动展现了甘肃数千年的文化变迁与历史风貌。甘肃省博物馆收藏的彩陶数量众多，种类丰富，从大地湾文化到马家窑文化等多个时期的珍品均有涵盖，充分展现了甘肃彩陶从早期的质朴到后期的精美。其中，人头形器口彩陶瓶、鲵鱼纹彩陶瓶等堪称其最具代表性的彩陶艺术品。

## 丝绸之路珍品

甘肃省博物馆中与丝绸之路相关的藏品尤为丰富，展出的各类珍品多达400余件，涵盖了北方草原文化青铜器、著名的铜奔马及铜车马仪仗俑队、精美的金银器、色彩斑斓的唐三彩等。这些文物不仅生动地反映了丝绸之路上的商贸盛况，还充分展现了不同地域文化之间的交流与融合，彰显了甘肃省在丝绸之路上作为关键节点所蕴含的深厚文化根基。

## 佛教文化萃宝

甘肃省博物馆的佛教文物藏品十分丰富，从十六国时期一直到明清时期，时间跨度近1700年。馆内收藏的佛教文物种类繁多，包括石造像塔、佛舍利、经卷写本、金铜佛像等，这些文物全面呈现了甘肃地区佛教文化的独特魅力。

## 展览设置

甘肃省博物馆以五大基本陈列为核心，涵盖丝绸之路文明、彩陶文化、佛教艺术、古生物化石及红色历史主题，同时辅以临时展览和联合展览，全方位展示甘肃的文化和历史脉络。

### ○ 基本陈列

甘肃丝绸之路文明展：通过北方草原文化青铜器、铜奔马及铜车马仪仗俑队、汉唐金银器、丝织品、唐三彩、元青花等各类珍贵文物的展示生动呈现了甘肃地区丝绸之路的繁荣景象，凸显了甘肃在古代丝绸之路中的关键角色。

甘肃彩陶：集中展示了甘肃地区大地湾文化、仰韶文化、马家窑文化等时期的彩陶器精髓，展现了古代先民的高超技艺、审美观念和生活方式，是研究古代彩陶文化的重要实物资料。

庄严妙相——甘肃佛教艺术展：以佛教造像、壁画等文物为载体，分为“佛法东渐”“胡风汉韵”“盛世梵音”“花落人间”“花萼同辉”“敦煌遗珍”六个部分，展示了甘肃地区佛教艺术的发展历程，见证了佛教在甘肃地区的传播与融合。

甘肃古生物化石：以恐龙化石等珍贵标本为依托，分设“地球厅”“海洋动物厅”“恐龙厅”“黄河古象厅”四个展厅，介绍了地质时期各类古生物化石，全面展示了甘肃地区丰富的古生物化石资源，为研究甘肃的自然历史提供了重要依据。

红色甘肃——走向1949：通过大量实物、图片和文献资料，展示了甘肃在革命年代的关键历史节点，包括甘肃特支成立、南梁烽火燃起、陕甘根据地创建、红军长征胜利会师、西路军鏖战河西和全境解放等，反映了甘肃人民在党的领导下走向胜利的历程。

## ○ 联合展览与临时展览

甘肃省博物馆发挥其独特的地理位置优势，早在2010年就牵头成立了“中国博物馆协会‘丝绸之路’沿线博物馆专业委员会”，联合“丝绸之路”沿线各博物馆推出了一系列以“丝绸之路”为主题的展览。其中，“丝绸之路——大西北遗珍”展率先亮相，此后又陆续推出“海上丝绸之路”“草原丝绸之路”“茶马古道”等联展，充分展现了“丝绸之路”的多元文化魅力。

多年来，甘肃省博物馆始终致力于传播甘肃文化，举办了一系列精彩的临时展览，如“唐风妙彩——长沙窑精品瓷器展”“木本水源——黄河流域史前文明展”“我们的生活记录——甘肃魏晋画像砖特展”“香远溢清——巴基斯坦犍陀罗艺术展”等。这些展览生动呈现了以甘肃为主的多地不同历史时期的文化风貌和社会生活，吸引了大量观众前来参观，成为了解甘肃历史文化的重要平台。

## 博物馆展览分布图

1. 人头形器口彩陶瓶
2. 铜奔马
3. 彩塑坐佛与胁侍菩萨
4. 《报父母恩重经变》图轴
5. 莲花形玻璃托盏
6. 鲵鱼纹彩陶瓶
7. 旋纹尖底彩陶瓶
8. 红陶人面像
9. 红陶刻画纹鸟形器
10. 三彩胡人牵驼俑
11. 青铜鎏金虎噬羊形器座
12. 铜车马仪仗俑队
13. 十三盏铜连枝灯
14. 大云寺五重舍利宝函之铜匣
15. 大云寺五重舍利宝函之金棺
16. 东罗马神人纹鎏金银盘
17. 镂空凤鸟纹金冠
18. 八思巴文虎符圆牌
19. 鎏金十一面观音像
20. 彩绘木雕博戏俑
21. 彩绘木舞俑
22. 彩绘木马
23. “驿使图”壁画砖
24. 高善穆石造像塔

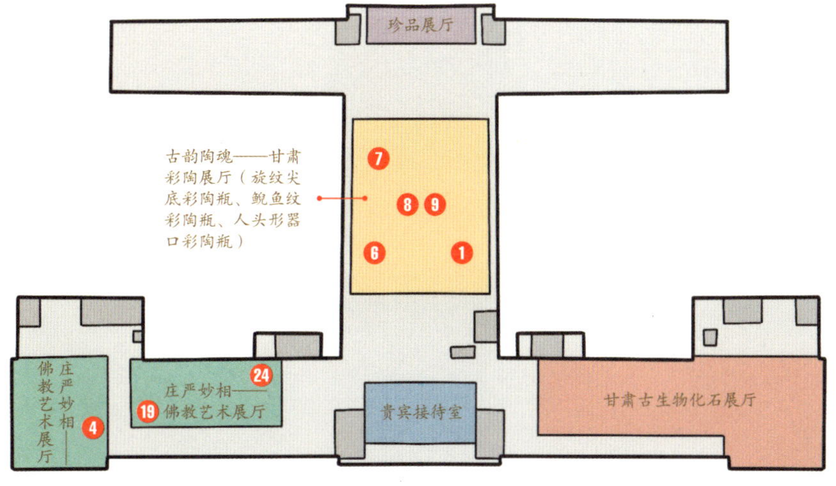

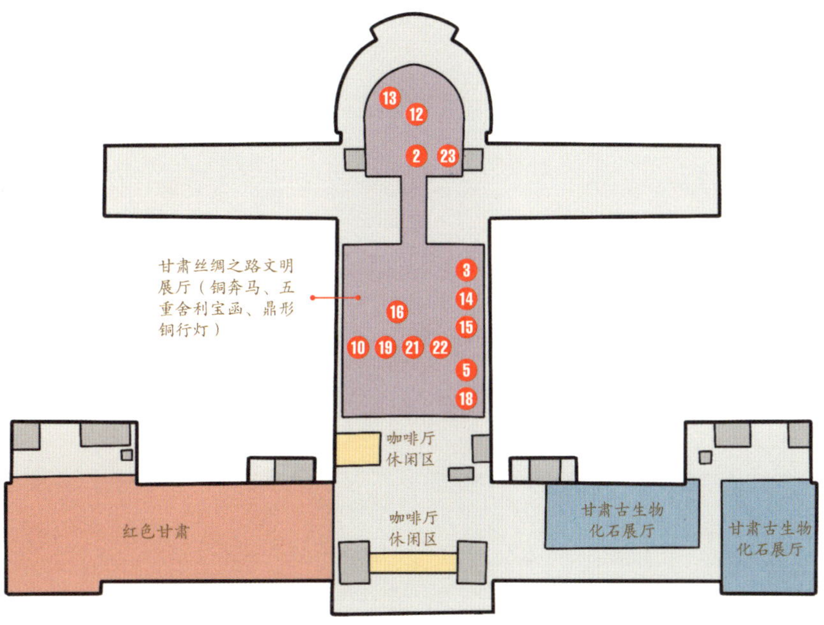


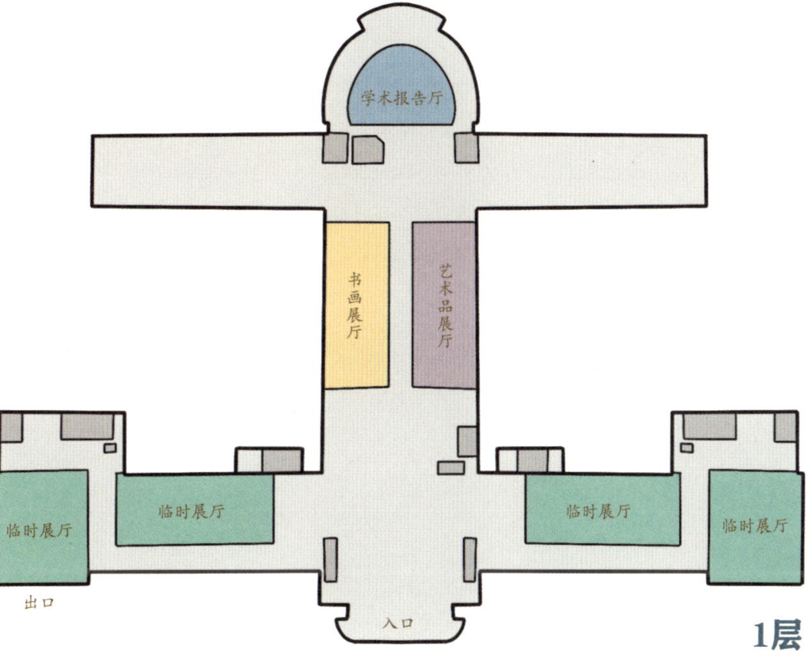


注意 本书所记文物所在位置是以作者当前写作阶段的位置作为参考标注的，由于各博物馆经常会有临时特展或巡回展，所以无法保证位置固定不变，请各位读者知晓，以实际的参观情形为准。个别文物平时都收在库房里，只有举办特展或是“出差”到其他博物馆展出时才拿出来，因此无法确定其所在位置。

# 镇馆之宝

- 人头形器口彩陶瓶
- 铜奔马
- 彩塑坐佛与胁侍菩萨
- 《报父母恩重经变》图轴
- 莲花形玻璃托盏

# 人头形器口彩陶瓶

## 肃穆的大地湾女神

禁止出境文物

国宝名称：人头形器口彩陶瓶
所属年代：新石器时代
出 土 地：甘肃省秦安县大地湾遗址

这件人头形器口彩陶瓶属于仰韶文化庙底沟类型（距今约5500年），于甘肃省秦安县大地湾遗址出土，是大地湾遗址出土的200余件彩陶中唯一一件塑有人形的彩陶瓶。通高32.3厘米，口径4厘米，底径6.8厘米。

目前出土的人形彩陶瓶数量极其稀少，根据出土信息考察，这件器物很可能位于房址之内，因此这件器物很可能是模仿部族先人的形象制作、用以纪念和拜谒的陶器。这件精美的文物不仅展现了新石器时代人们高超的制器智慧与独特的审美，同时也是大地湾人祖先崇拜的具象化体现。

这件彩陶瓶的器身上有断裂粘接的痕迹，且裂痕并非后期损坏，足可见先人对陶瓶的珍视。

这件人头形器口彩陶瓶器身为中间鼓、两端略向内收的长圆柱体，上部连接一圆雕人头像，采用了多种造型手法，人物五官立体，布局得当，两耳还各有一小孔，很可能是用于垂挂装饰品。陶瓶为细泥红陶质地，内含少量白色细砂，器腹部以黑彩描绘几何纹饰，仿佛一位穿着花裙的少女。

陶瓶上部采用了圆雕、贴塑、刻画等多种工艺手法，先塑造出人物的头部，再贴塑发片，刻画出纹路，生动立体的人形便呈现在我们面前，微张的小口似要诉说古老的故事。

陶瓶上的纹饰简洁清晰，在红褐色的陶胎上以黑彩绘制弧线三角纹，仿佛给质朴的少女穿上了一件花衣。纹饰为烧制前绘制，历经五千多年仍纹路清晰，色彩分明。

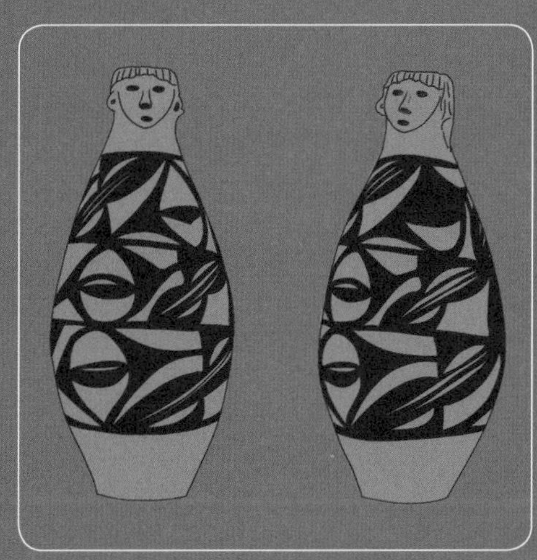

# 铜奔马

马踏飞燕『铜将军』

禁止出境文物

国宝名称：铜奔马

所属年代：东汉

出 土 地：甘肃省武威市雷台汉墓

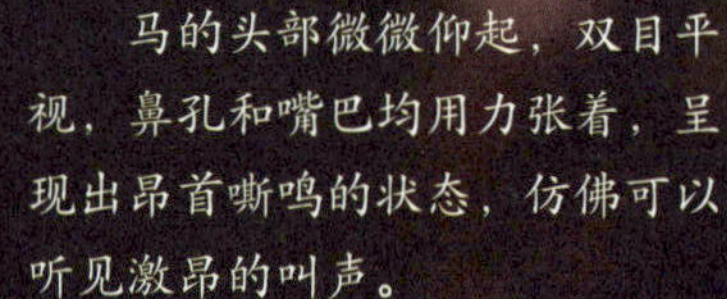

马的头部微微仰起，双目平视，鼻孔和嘴巴均用力张着，呈现出昂首嘶鸣的状态，仿佛可以听见激昂的叫声。

铜奔马，又称马踏飞燕、马超龙雀，出土于河西地区东汉墓葬之一——雷台汉墓。通高34.5厘米，长45厘米，宽13.1厘米，重7.3千克。

1973年至1975年，铜奔马先后在法国、日本、英国、罗马尼亚等多个国家展出，引起了国际社会的广泛关注和高度赞誉。1983年，铜奔马被国家旅游局（现为中华人民共和国文化和旅游部）选定为中国旅游标志，自此，它成为向世界展示中国文化魅力的闪耀象征。

这件铜奔马塑造了一匹昂首嘶鸣、三足腾空、一足轻踏飞鸟的骏马形象。其姿态矫健轻盈，展现了动态瞬间的爆发力与力量美，完美融合了力学原理和艺术审美，郭沫若赞称“四海盛赞铜奔马，人人争说金缕衣”。

奔马的鬃毛和尾巴均向后飞扬，线条流畅自然，没有过多的装饰和细节刻画却能生动体现出毛发的质感和动态，展现出骏马在高速奔跑中的轻盈和灵动，体现了汉代工匠高超的观察概括能力和艺术表现能力。

铜奔马的三足腾空，仅一足支撑着整个身体，而落下的这一足正踏在一只疾飞的飞鸟的后背上，飞鸟回首，双目圆睁。工匠利用飞鸟展翅，巧妙地平衡了雕塑重心，完美运用了力学平衡原理。

# 彩塑坐佛与胁侍菩萨

天梯山慈悲三人组

左侧胁侍菩萨头部挽垂环髻，发绺自然垂于肩部，面庞圆润丰满，双目微微睁开，神情超脱且严肃。上身着紧身束带天衣，袒露右肩和手臂，下身搭配贴身长裙，肩部的帔帛垂至腹部前方。右臂弯曲上举，左臂自然下垂，整体展现出庄重而典雅的气质。

国宝名称：彩塑坐佛与胁侍菩萨
所属年代：唐
出 土 地：甘肃省武威市天梯山石窟

彩塑坐佛与胁侍菩萨出自天梯山石窟第3窟，初塑于初唐，明代时重妆。在这三尊雕像中，居于中间的是释迦牟尼佛，高130厘米；左侧胁侍菩萨高183厘米，右侧胁侍菩萨高180厘米。

据史料记载，天梯山石窟始建于十六国时期的北凉，由北凉第二位君主沮渠蒙逊主导开凿。尽管该石窟的开凿时间晚于敦煌莫高窟，但它是中国最早见于史册记载的首个由国君亲自主持开凿的石窟，是早期石窟艺术的典范，在我国石窟艺术发展史乃至整个佛教传播史上占据着极为重要的地位。

## 国宝放大镜

彩塑坐佛与胁侍菩萨展现了典型的汉代佛教艺术风格。主尊坐佛结跏趺坐，面容宁静，衣纹流畅，身后有华丽的背光装饰。两侧的胁侍菩萨姿态优雅，衣饰精美，整体造型庄重和谐，体现了唐代佛教造像的高超技艺与宗教艺术的独特魅力。

位于中间的坐佛头部盘圆形发髻，眉毛纤细，眼睛狭长，双唇紧闭，似在沉思，富有庄严之感。佛像身披通肩式袈裟，衣褶呈梯形叠落，线条流畅自然。右手抚于膝盖，左手施禅定印，呈现出恬静身姿。佛像整体比例协调，体态优雅，神韵安详，气度端正。

主尊坐佛右侧的胁侍菩萨发髻高耸，余发垂于肩部，面庞盈润，神情肃穆，威严又不失妩媚。宽大的帔帛自肩部垂至腋下，下身着羊肠裙，层层折叠，贴合腿部曲线，线条柔和自然。左臂弯曲至胸前，右臂下垂握拳，整体身姿可谓丰肌秀骨。

### 小提示

此释迦牟尼坐佛之下，本为莲花须弥座。佛像与莲座本为一体，佛衣自然垂耷于莲座边缘。可惜1958年搬运时，须弥座受损严重，所以将佛像与之分离，后来重做了一须弥座放置佛像。右图为原坐像复原猜想图。

# 石窟鼻祖——天梯山石窟

注：以上序号为1958年天梯山石窟文物搬迁工作队标注，未标号者已不存。在1927年地震中，底层第10—12号洞窟已坍塌。现天梯山石窟仅第13号窟开放参观。

## 天梯山石窟形制：中心塔柱窟

天梯山石窟形成了独特的“凉州模式”，其一大特征，就是形成了典型的“中心塔柱窟”。这种形制不仅影响了同时期的敦煌莫高窟，也为后来的云冈石窟（平城模式）、龙门石窟（洛阳模式）奠定了基础。

## 历经风雨的天梯山石窟

在大漠戈壁之中，天梯山石窟的毁灭与重生持续了十多个世纪，而铭刻在洞窟里的故事，依然在风中飘荡。

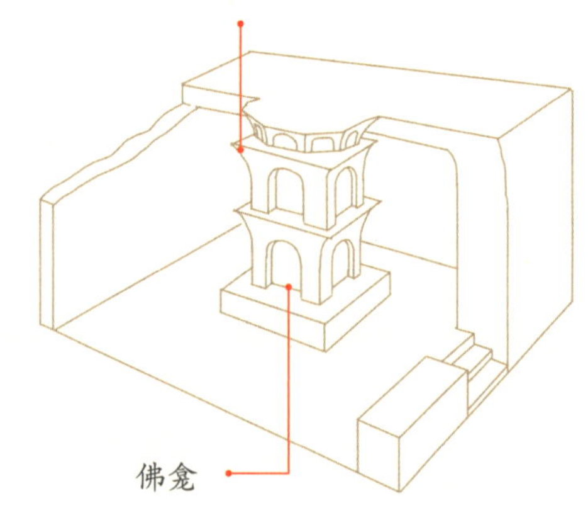


天梯山石窟始建于十六国时期北凉，据传，当时的北凉王沮渠蒙逊笃信佛教，所以召集高僧昙曜及当地的能工巧匠来到此地，开凿营建，此窟始成。而后，北魏、隋、唐、西夏、明、清等一朝又一朝的工匠们来到此地，不断将天梯山石窟修建成了后来的模样。然而，天梯山的地质结构并不稳定。千年来的多次地震和战火，将其中早期的石窟损毁了大半。1958年，为修建黄羊河水库，大部分窟龛中的壁画与造像只能被切分搬迁，只余第13号大佛窟保留在原址。但祸福相依，正是在此次搬迁中，人们发现了藏在清代壁画下层的北凉彩绘，证实了天梯山石窟确实为古籍中记载的“凉州石窟”。天梯山石窟以其独特的艺术风格和在中国石窟史上产生的深远影响，被称为“石窟鼻祖”。

## 大佛窟

天梯山石窟第13窟，是天梯山石窟中最大的一窟，世称大佛窟。盘坐其中的，是高达28米、宽达10米的释迦牟尼坐佛。此窟始凿于唐代，窟内佛像雕凿山岩为石胎，再在其上敷泥塑成，据传是唐代弘化公主所建。此后历朝历代，人们对于大佛窟的维护、重建从未停止，大佛窟得以保存至今。

遗憾的是，明清时期战火四起，大佛窟亦受波及，至今窟内仍可见火烧痕迹。1958年，人们在此地修建黄羊河水库，第13窟因太过庞大而无法搬迁，一直停留原址。后来，每逢水库蓄水时，造像腹部以下都会淹人水中，造成的破坏难以计量。直至1991年北方大旱，人们利用枯水期在佛窟前筑起一道围堰，造像才得以保全。1995年，曾经参与文物搬迁的敦煌研究院专家李云鹤先生主持了对佛窟及造像的加固和复原，第13窟大佛得以拥有今日之貌。

## 彩绘提瓶菩萨立像

天梯山石窟第4窟的彩绘提瓶菩萨立像采用墨线勾勒轮廓，线条粗犷流畅，厚施妆彩，采用“凹凸法”精致描绘面部结构。凹凸法是一种将面部的额、鼻、双颧、颚等凸出处用白色提亮、其余凹处加深的手法，经此处理，面部立体感油然而生。提瓶菩萨，即观世音菩萨。然而，这位观世音并非后世熟知的女性形象，而是男性。他深目高鼻，赤裸上身，身系飘带，脖间挂璎珞、宝珠，净瓶中装甘露水，可消众生烦恼，这些特征，明显带有西域或古印度风格。绘制的线条洗练老辣，功底极强，与东晋名家顾恺之的画作有异曲同工之妙。这恰恰反映了佛教艺术与中原文化相互碰撞、彼此学习、交织融合的过程。

# 《报父母恩重经变》图轴

## 敦煌莫高窟里的『育儿宝典』

国宝名称：《报父母恩重经变》图轴
所属年代：宋
出 土 地：甘肃省敦煌莫高窟藏经洞

这幅《报父母恩重经变》图轴是北宋时期的绢画作品，出土于敦煌莫高窟藏经洞，图轴高182厘米，宽127厘米，整幅图轴以蓝、绿色为底衬，运用了石青、白粉、金粉等多种颜料进行绘制，色彩丰富且鲜艳夺目。

图轴的上部描绘了“七佛”“七宝”以及仙山楼阁等神圣景象；下部则有十位弟子和十二位菩萨分列两侧，虔诚供养。在图轴的中心位置，阿弥陀佛与观世音菩萨、大势至菩萨一同端坐，正在庄严说法。

说法图的周围分布着多幅经变故事，每幅画以山石元素进行分隔，彼此独立，画面的右侧或左侧配有解释画面内容的榜题。这些图细致地展现了父母养育子女的过程，生动地反映了当时敦煌地区的民俗风情和社会生活，传达了孝道思想和佛教文化内涵。

在上面这幅经变故事画中，一位女子盘腿坐在方形毯子上，解开衣襟正在哺乳怀中的婴儿，其身旁站着一位神色关切的侍者。画面左侧题有“母为其子开怀出乳，以乳乳之时”，这一场景深刻地展现了母爱的伟大。

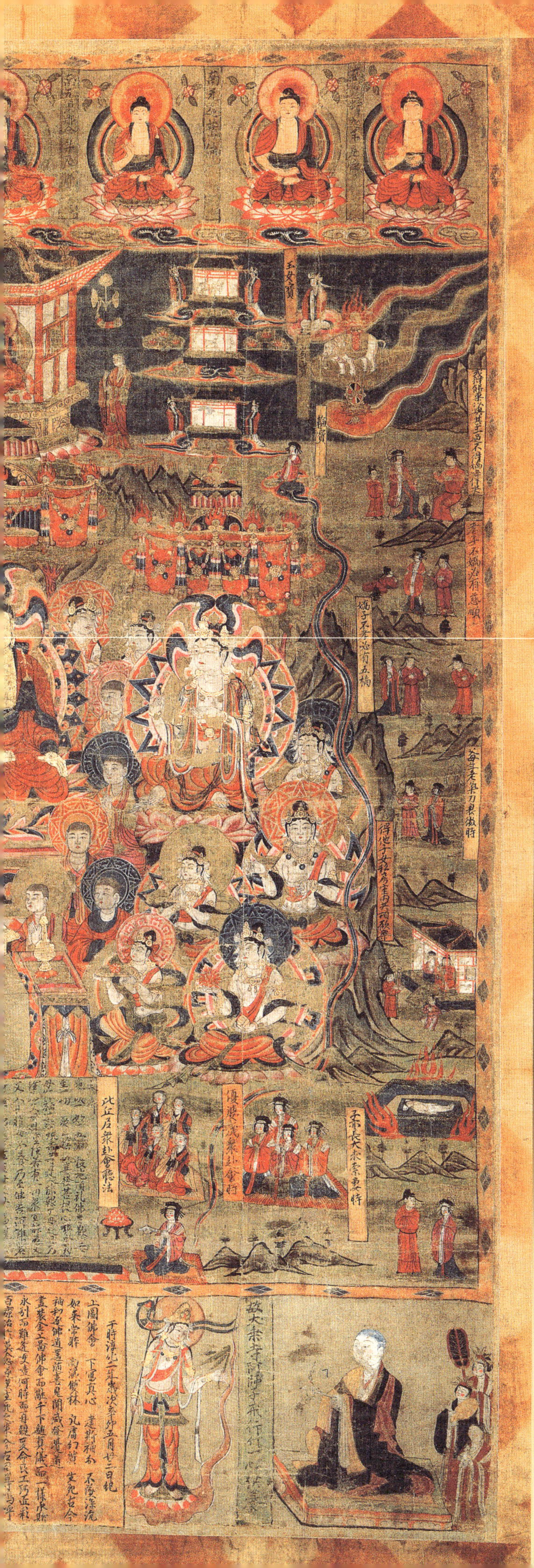

整幅《报父母恩重经变》图轴中最引人入胜的部分要数十几幅描绘父母养育子女的经变故事画。这些画面细致入微地展现了从怀胎、哺育、嬉戏到教育的育儿全过程。画中人物栩栩如生，情节层次分明。

在上图这幅经变故事画中，父母忙碌于田间插秧，孩子则被安置在栏车内酣睡，画面右侧题有“父母养育卧在栏车时”。栏车设计精巧，不仅体现了古代工匠的智慧，还反映出古人对育儿细节的关注。这幅画生动地展现了父母即使忙碌也会精心照料孩子，凸显了父母在育儿过程中的无私付出。

# 莲花形玻璃托盏

## 冰清玉洁『蓝莲花』

这件莲花形玻璃托盏采用普蓝色玻璃制成，通体呈现出半透明的质感，色泽艳丽而脱俗，仿佛是夜幕下的一抹深邃蓝光。其胎体内含有气泡，在光线的折射下，形成独特的光影效果，为这件文物增添了一份灵动与神秘。

国宝名称：莲花形玻璃托盏
所属年代：元
出 土 地：甘肃省定西市漳县汪世显家族墓

这件莲花形玻璃托盏出土于甘肃省定西市漳县汪世显家族墓，盏高4.9厘米，口径8.9厘米，底径3.4厘米；盏托高1.2厘米，口径15.2 厘米。

古代的玻璃器价值高昂，因其色彩丰富、质地坚实而备受王公贵族的喜爱。元代存世玻璃器数量不多，而这套托盏保存完好、工艺高超，又是迄今出土最完整的一套元代玻璃托盏，实属精品。

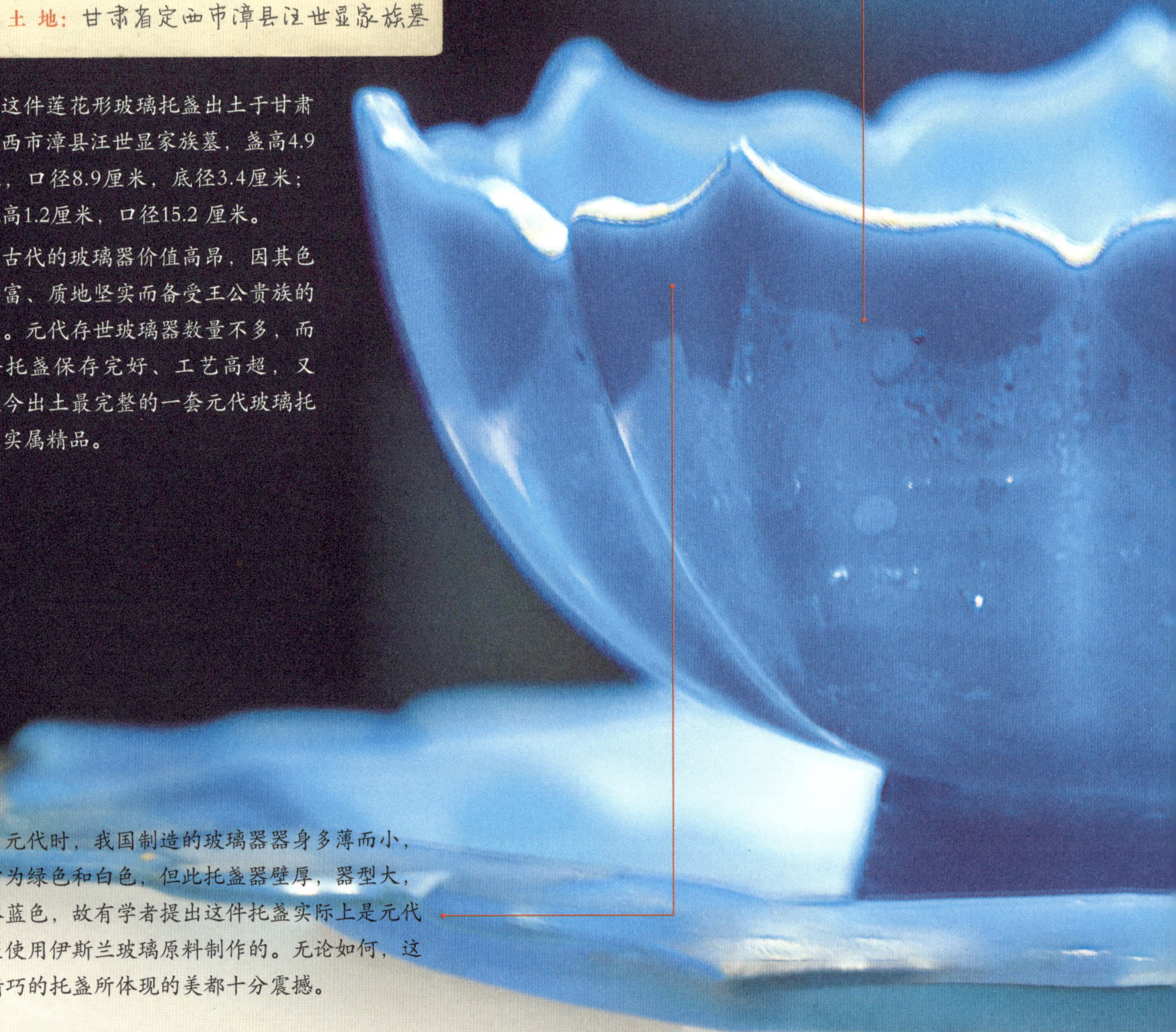

元代时，我国制造的玻璃器器身多薄而小，且常为绿色和白色，但此托盏器壁厚，器型大，通体蓝色，故有学者提出这件托盏实际上是元代工匠使用伊斯兰玻璃原料制作的。无论如何，这件精巧的托盏所体现的美都十分震撼。

这件莲花形玻璃托盏造型精美，宛如盛开的莲花。托盏通体呈蓝色，晶莹剔透，花瓣舒展，工艺精湛，盏托与盏身完美契合，宛如天成，展现出元代工匠精湛的技艺，散发着古朴典雅的艺术魅力，让人仿佛能从中窥见数百年前的繁华与精致。

自佛教传入中国后，莲花的外形就多被化用于器型之中。这件托盏亦不例外，其盏做成七瓣莲花形，托则为平口，外形为八瓣莲花，腹壁呈正八角形。托与盏犹如两朵盛开程度不同的蓝莲花，交相辉映，气质高雅圣洁。

# 馆藏文物

陶器

金属器

木雕　砖石器

# 陶器 POTTERY WARE

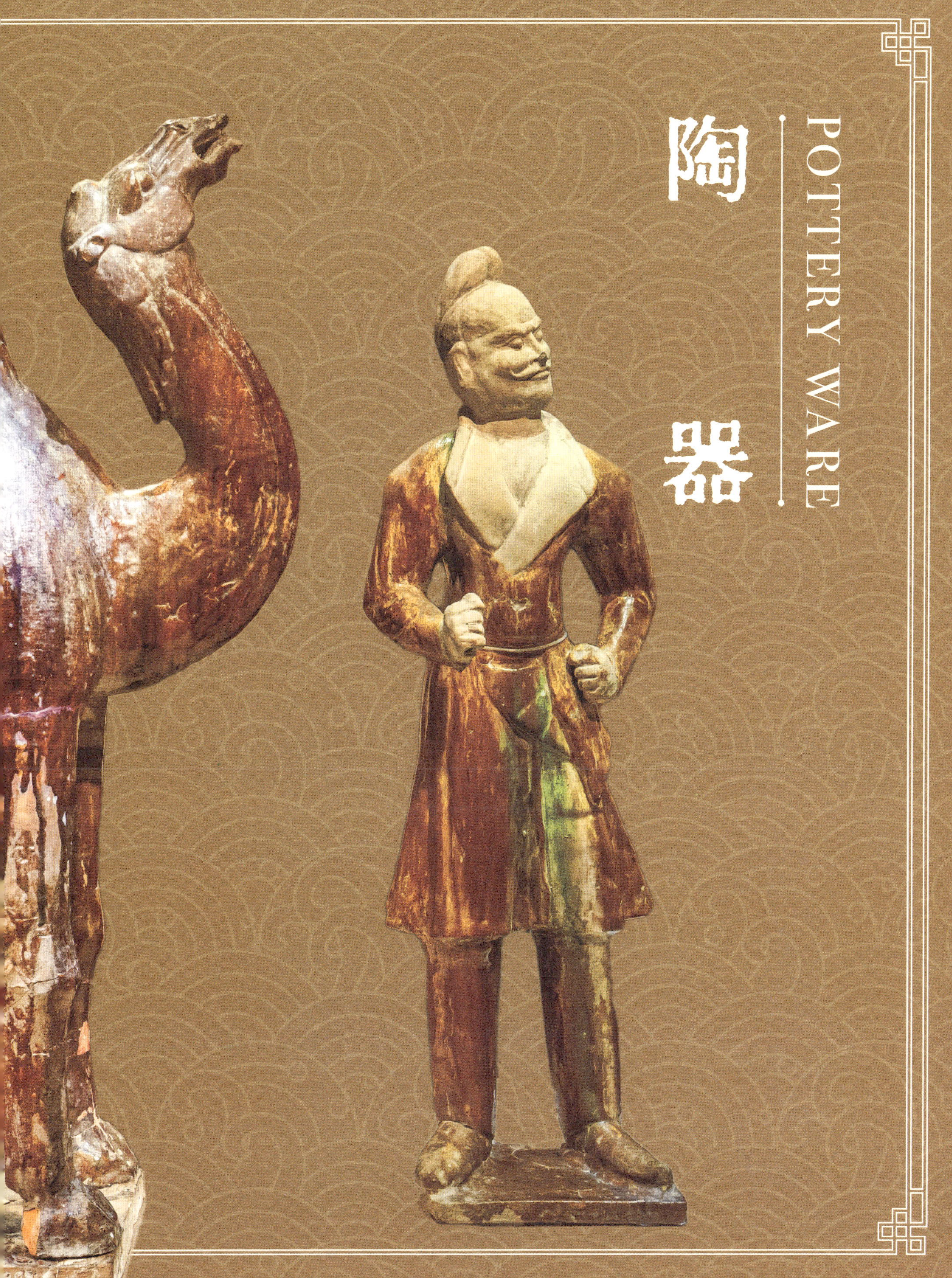

# 鲵鱼纹彩陶瓶

史前『鲵娃娃』

这件彩陶瓶为泥质橙黄陶，质地细腻，呈现出温暖的橙黄色调，表面光滑，既展现出仰韶文化时期陶器制作的成熟度，也体现了先民们对泥土的加工和烧制技术的掌握程度。

国宝名称：鲵鱼纹彩陶瓶
所属年代：新石器时代
出 土 地：甘肃省甘谷县西坪遗址

这件鲵鱼纹彩陶瓶属于仰韶文化石岭下类型（距今约5200年），这一时期的陶器泥质多为橙黄陶，也有少量红陶和灰陶；器型多为平底；纹饰以绳纹、线纹居多，另有少量的鲵鱼纹和犬纹等。陶瓶高38.4厘米，底径12厘米，口径7厘米。

在同期文化陶器中，鱼纹图案多有发现，但此件陶瓶在构图和形象塑造上独具匠心——鲵鱼的头尾自然相连，呈三角形，整体构图简洁明了，形象生动逼真。鲵鱼被赋予了人格化特征明显的头、双臂和手指，可能蕴含着“人神合一”的象征意义。不同于同期文化中常见的狰狞风格，这件陶瓶多了几分写实、质朴之美。

鲵鱼因其发出的声音似婴儿啼哭，被俗称为“娃娃鱼”，其主要栖息在黄河以南的地区，黄河以北的甘肃省境内也有发现。在民间传说中，娃娃鱼低鸣往往预示着大雨将至，因此当地流传着“大雨来临娃娃叫”的谚语。

陶瓶呈小口、长颈，整体造型简单而古朴，顶部的小口微微翻唇，简洁中不失细节。瓶颈纤细修长，颈部有一圈附加堆纹，这些堆纹不仅起到了装饰的作用，还增加了陶瓶颈部的层次感。

陶瓶的腹部两侧有对称的半圆宽带耳。这对耳饰不仅在视觉上为陶瓶增添了平衡与对称的美感，还具有便于提携等的实用功能，反映出古人对器物审美性和实用性的双重追求。

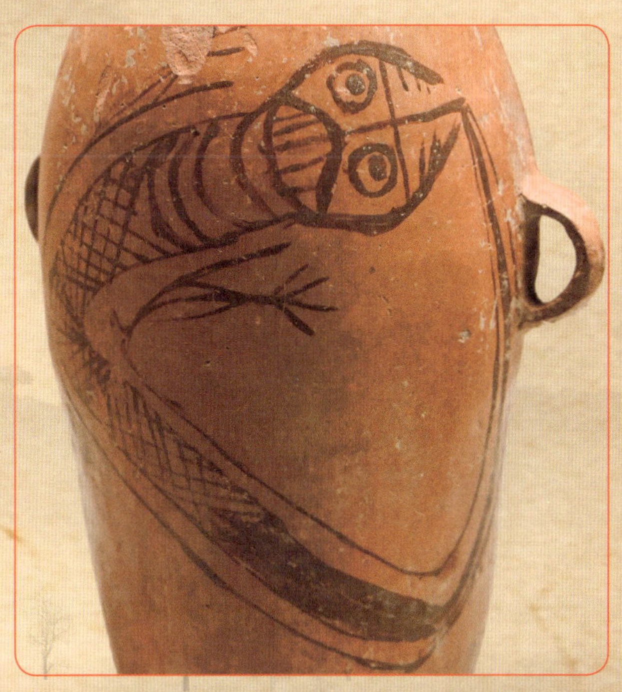

陶瓶腹部的鲵鱼面部形似人脸，双目圆睁，嘴巴大张露牙，长条身体曲折盘绕、首尾相连，肢爪从身体两侧伸出，全身布满斜格纹，仿佛正在游动。图案简洁生动，精准地捕捉了鲵鱼的特征，展现了古人对自然的细致观察和高超的艺术表现力。

这件鲵鱼纹彩陶瓶流露着极致的泥土美韵，其最为显著的特点为陶瓶腹部所绘的鲵鱼图案。学界有人认为，这神秘怪异的图案可能是早期的“龙图腾”之一，蕴含着中华龙凤的重要渊源，寄托着古人对祥和吉瑞的生活的希冀与诉求。

**小提示**

新石器时代的人们常以简练的线条和生动的形态将自然界中的生灵巧妙地绘制于陶土之上，常见的动物纹样包括鱼纹、蛙纹、鸟纹、猪面纹等。其中，猪面纹是仰韶文化中较为独特的一种纹饰，其可能反映了当时先民对家猪的驯化与早期的图腾崇拜。例如，下图这件出土于甘肃省秦安县王家阴洼的猪面纹彩陶壶，腹部绘有一圈二方连续的猪面纹，相连的猪面之间巧妙地共用一只眼睛，展现出独特的艺术构思。

猪面纹彩陶壶
（新石器时代，甘肃省博物馆）

# 旋纹尖底彩陶瓶

## 身披黄河旋涡的听涛者

陶瓶颈部与下腹部绘有黑彩平行线纹，肩、腹部绘有四方连续黑彩旋涡纹，纹饰点、线、面搭配得当，线条流畅、层次鲜明。

国宝名称：旋纹尖底彩陶瓶
所属年代：新石器时代
出 土 地：甘肃省陇西县吕家坪

这件旋纹尖底彩陶瓶高26.8厘米，口径7.1厘米，是马家窑文化马家窑类型（约4800年前）的代表作。

陶瓶上的旋涡纹饰被视作马家窑先民对黄河湍急水流的艺术呈现，反映出他们对自然力量的敬畏与尊崇。这件陶瓶作为黄河文明的重要见证，不仅承载着深厚的历史和文化价值，还为当代人打开了一扇探索古代文明的窗口。

旋涡纹为这件陶瓶的主要装饰纹样，其纹饰以圆点为起点，弧线向外舒展，线条流畅且充满动感，营造出强烈的流动感和韵律感，生动地展现了黄河奔腾不息的壮丽画面。

瓶腹两侧设有双耳，便于穿绳进行汲水操作或加以固定。双耳的圆环造型与瓶身的旋涡纹相得益彰，展现了实用与审美的完美结合。

尖底造型独特，学界多认为它是一种汲水用具，尖底设计便于深入水中。但是也有学者提出，该陶瓶可能是酒器，用于发酵和储存液体。

这件旋纹尖底彩陶瓶为细泥红陶材质，造型纤长而优美，通体磨光并施以黑彩精美纹饰。纹饰构图规则而不呆板，繁密但不拥挤，富有强烈的动感和生命力，充满艺术魅力。该陶瓶实现了审美和实用的完美结合，彰显了史前先民的生活智慧与高超的制陶工艺。

**小提示**

旋涡纹在仰韶文化中期至马家窑文化时期的陶器上颇为常见，通常被巧妙地装饰在大型器物（如壶、瓶、罐）的主要部位，即从肩部延伸至腹部。这一纹样最初源自简单的弧线三角纹和圆圈纹的旋转迹象，随后逐渐演化为更加繁复的流体旋涡形态。

取自旋纹尖底彩陶瓶的纹样

# 红陶人面像

## 新石器时代的『泥面膜』

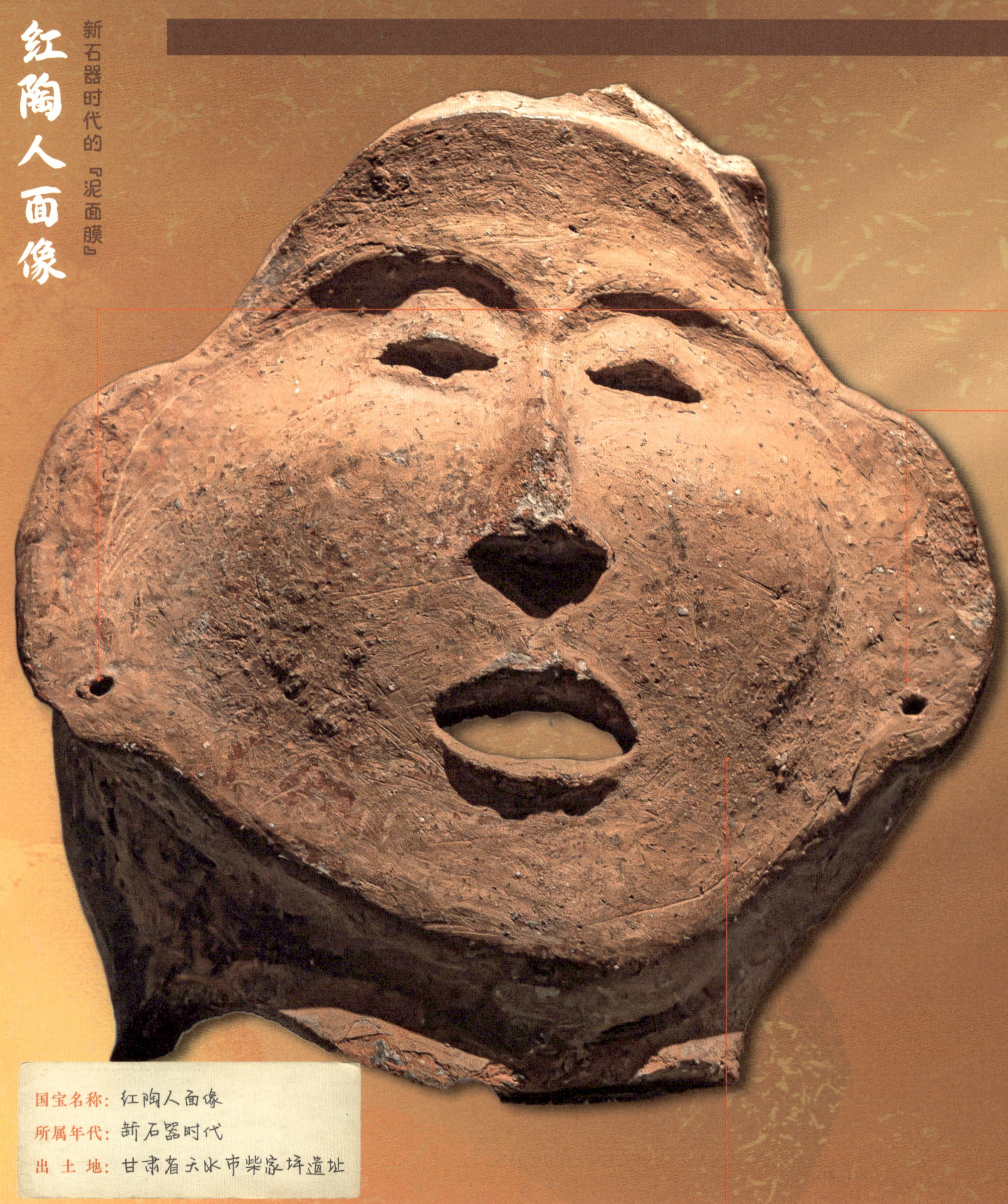

国宝名称：红陶人面像
所属年代：新石器时代
出 土 地：甘肃省天水市柴家坪遗址

这件红陶人面像属于仰韶文化类型（距今约5200年），残高15.3厘米，宽14.6厘米，器型以人面为主题，整体造型生动独特，反映了当时先民对于美的追求。这件文物不仅展现了仰韶文化高超的制陶技艺，还为研究史前人类的面部形态、审美观念、宗教信仰和社会生活等提供了重要实物线索，具有极高的历史和学术价值。

这件红陶人面像为红陶质地，红陶以黏土为主要原料，经过手工塑形后烧制而成，黏土中的铁元素在高温下氧化使器物呈现出红色。这种材质质地坚硬，耐磨损，而且具有良好的可塑性，这件器物通过红陶这种材质，生动地表现了人物的面部特征，体现了先民对泥土材质的熟练运用。

两侧的耳垂各有一个穿孔，这不仅提升了器物的实用性——可能用于悬挂或安全固定，还赋予了人像一种神秘的生命力，进一步体现了先民对装饰艺术的追求。

侧面图

红陶人面像的面部特征十分鲜明，其颧骨高耸，面庞宽阔，眉梢微微隆起，眼睛被巧妙地设计成横条状，透出一种神秘的光芒，嘴巴微微张开，似乎在诉说着什么。鼻子呈三角形，与整体面部轮廓相得益彰，使得整个面容显得既庄重又神秘，仿佛蕴含着某种寓意。

这件红陶人面像的表面虽无明显彩绘纹饰，但其雕刻技艺十分精湛。五官运用了阴刻与镂空的技法，线条简洁却极具表现力。除了对眼睛和嘴巴进行镂空来体现人面特征，还借助光影效果增强了面部的立体感与神秘氛围。

**小提示**

出土于甘肃省陇南市礼县高寺头遗址的红陶人头像，属于齐家文化类型（距今约4100—3700年），造型上与红陶人面像有着异曲同工之妙。这件器物高12.5厘米，头像中空，从额前至脑后塑有凸起的带状泥条，眉毛微微隆起，眼睛和嘴巴镂空，呈横条状，鼻子为三角形，下巴短小且略微向前凸出，颈部较为粗壮，两侧耳垂上各有一个穿孔。

红陶人头像（新石器时代，甘肃省博物馆）

红陶鸟语小精灵

鸟脊背凸起，其上刻有一长排短线纹，排列整齐，形成类似羽毛的纹理，为鸟形器增加了立体感和生动性。

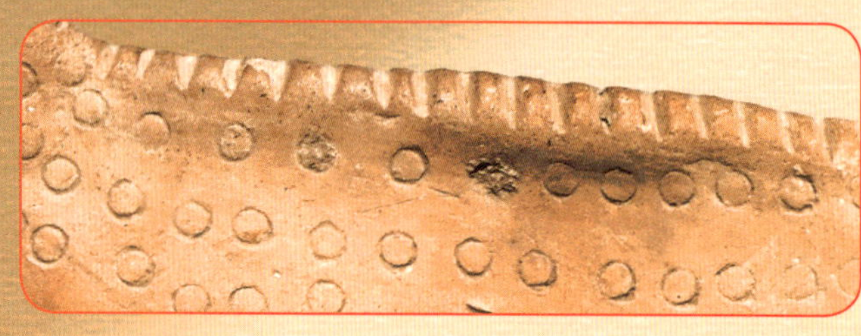

颈部、脊背部和尾部压印着许多圆圈纹，排列有序。在齐家文化中，圆圈纹较为常见，可能有某种特定的文化寓意。

国宝名称：红陶刻画纹鸟形器
所属年代：新石器时代
材　　质：红陶

这件红陶刻画纹鸟形器是齐家文化（距今约4000年）的代表性文物，长20厘米、宽5厘米、高11.5厘米。

整件器物设计精巧，造型独特，宛如一只灵动的水鸟，兼具较高的艺术与文化价值，在实用功能和艺术表现上均展现了齐家文化时期先民们的智慧与创造力。

鸟腹部两面的中央各刻画着一个以细线组成的虫形纹，也有人认为它们分别是幼鸟纹和翅翼纹，纹饰线条流畅，刻画精细，形态逼真而富有动感。这不仅体现了齐家文化时期人们对自然的细致观察，也在一定程度上反映出当时社会的某种文化信仰，为我们了解当时社会文化提供了重要线索。

这件红陶刻画纹鸟形器采用捏制和刻画工艺制作而成，表面应经过了精细打磨，质感光滑细腻。整件陶器外形酷似一只体型肥硕的水鸟，内部中空，尾部设有开口。这种独特的造型设计很可能与齐家文化时期人们的宗教仪式或日常生活密切相关，反映出当时人们对自然和神灵的敬畏与尊崇。

鸟尾部设有开口，呈筒状，此处为器口，其上也装饰有简单的短线条纹，与整体纹饰风格相呼应。

继马家窑文化之后发展起来的齐家文化，其陶器以素陶为主，注重造型，器型多变，尤以鸟兽造型为多。这一时期开始出现青铜器，所以属于新石器时代末期，开始进入铜石并用时期。

鸟头小巧，脖颈偏细且微微上昂，双目圆睁，简洁而生动地表现出鸟的神态。鸟喙较长，嘴巴微张，仿佛正在觅食。

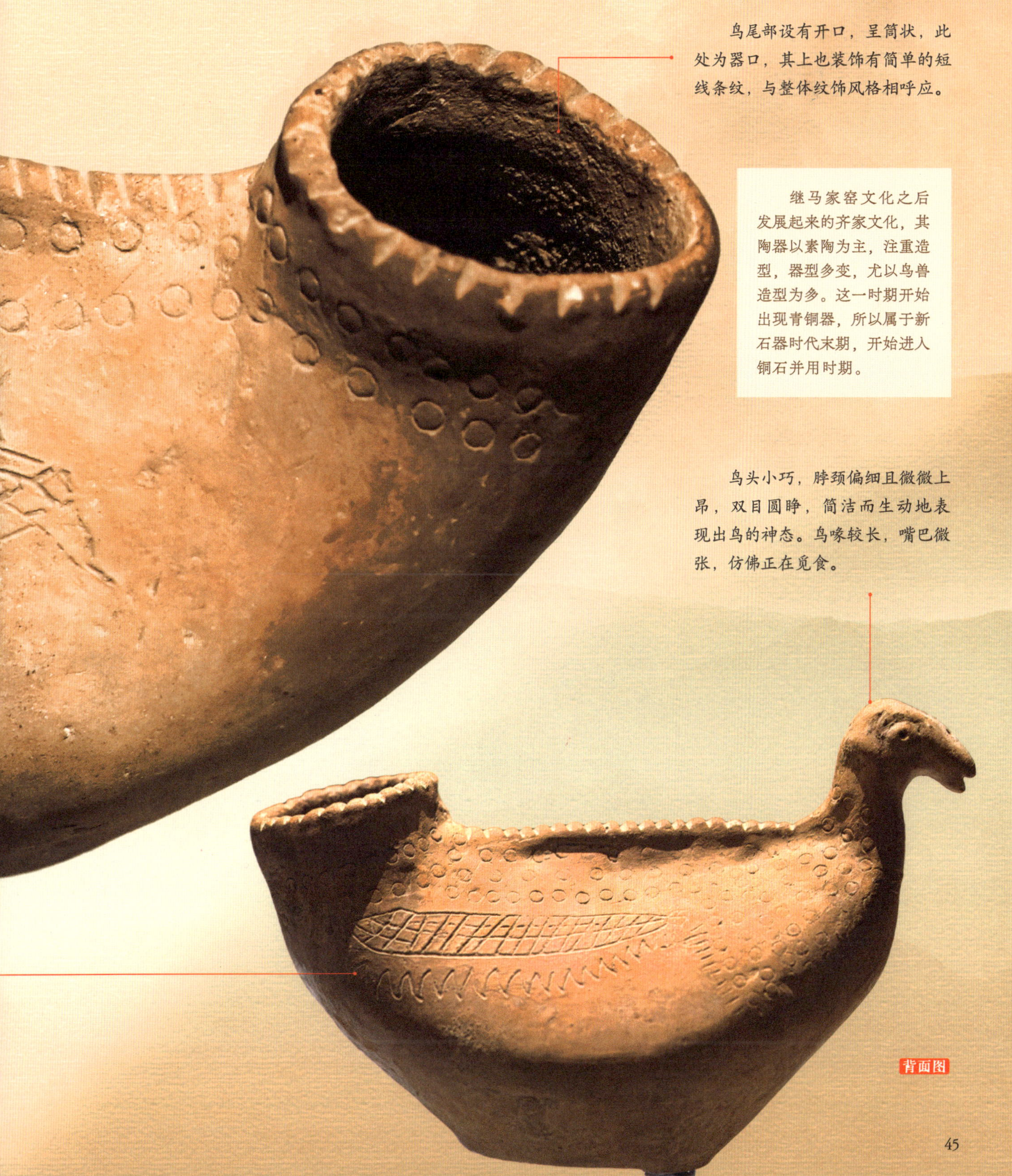

背面图

# 三彩胡人牵驼俑

丝路驼铃使者

国宝名称：三彩胡人牵驼俑
所属年代：唐
出 土 地：甘肃省秦安县叶家堡

这组三彩胡人牵驼俑20世纪60年代出土于甘肃省秦安县叶家堡唐墓，人俑高76厘米，骆驼高93.4厘米。

这组文物为陶制，采用黄、绿、褐三色釉料烧制而成，色彩搭配和谐，釉面光洁，整体造型写实且生动，展现了丝绸之路上胡人商旅的形象。胡人商旅的形象在唐代文物中频繁出现，体现了当时社会的开放与多元，我们从中可以窥见开元盛世时期社会文化的开放包容和艺术作品的百花齐放。

唐代是丝绸之路沿途贸易活动最为繁荣的时期，也是中外文化交流的黄金期。甘肃地处丝绸之路的关键位置，见证了无数商队的往来。这些商队中，胡人商旅扮演了重要角色，他们携带货物穿梭于中亚、西亚各国和中国之间，搭建起了经济、文化交流的桥梁。

在这组三彩胡人牵驼俑中，人俑深目高鼻，具有典型的西域胡人相貌特征，其双手握拳，右手置于胸前，左手置于腰间，呈现执缰牵骆驼状；骆驼双峰高耸，引颈昂首，神态安详，这组文物整体造型生动逼真，不仅展现了唐代工匠的高超技艺，还反映了当时社会对异域文化的接纳和欣赏。

胡人俑的面容特征鲜明，深目高鼻、蓄八字胡，为典型的西域胡人外貌。其头部微微仰起，目视前方，神情严肃，姿态活灵活现。

身着翻领窄袖长袍，袍长及膝，以褐色为主，下摆处搭配黄绿色，色彩鲜亮。这种长袍的领口右侧往往缀有一颗纽扣，可以将其解开，凸显了胡服的实用与便捷。

胡人俑脚上蹬的长筒靴，不仅利于穿着者在大漠、泥泞中跋涉，还便于他们在骆驼或马背上骑射等。

# 丝绸之路上的胡人与骆驼

丝绸之路是古代东西方文化交流的纽带，而胡人与骆驼无疑是其最具代表性的符号。胡人是中国古代对北方边地及西域各族人民的称呼，胡人作为使者和文化传播者，他们穿越漫漫黄沙，成为连接东西方的桥梁。

骑卧驼彩绘陶俑（唐，西安博物院）

彩绘陶牵驼俑及骆驼（唐，陕西考古博物馆）

## 文化交流的使者

丝绸之路上的胡人不仅是商品的运输者，更是文化、宗教和技术的传播者。通过胡人商队，佛教、伊斯兰教等宗教，以及音乐、绘画、建筑等艺术形式得以在东西方之间广泛传播。

## 经济贸易的引擎

胡人商队借助骆驼运输丝绸、瓷器、香料等珍稀货物，推动了沿线城市经济贸易的兴盛。而且，骆驼强大的运输能力让丝绸之路的贸易活动规模得以拓展，使东西方的商品得以更广泛地流通。

三彩骑驼奏乐俑（唐，西安博物院）

## 墓画题材的提供者

在汉唐时期的墓葬或壁画中，胡人与骆驼的形象频繁出现，这意味着异域的人文特色不仅浸染着中原的衣食住行、娱乐社交等方面，而且为墓葬作品和壁画的创作提供了更多元的表现题材。例如，洛阳古墓博物馆的《胡人牵驼图》壁画生动再现了胡商远赴洛阳的场景，展现了唐代丝绸之路的繁荣。

《胡人牵驼图》壁画（唐，洛阳古墓博物馆）

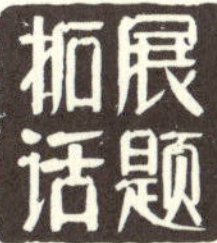


## 娱乐生活的丰富者

胡人乐师带来了琵琶、觱篥、拍鼓等西域乐器，这些乐器在唐代广泛流行，而且胡旋舞、胡腾舞等西域舞蹈也在唐代风靡一时，它们成为宫廷和民间娱乐的重要组成部分。中国国家博物馆收藏的唐代三彩釉陶载乐骆驼是胡乐与汉乐融合的生动体现。

三彩釉陶载乐骆驼（唐，中国国家博物馆）

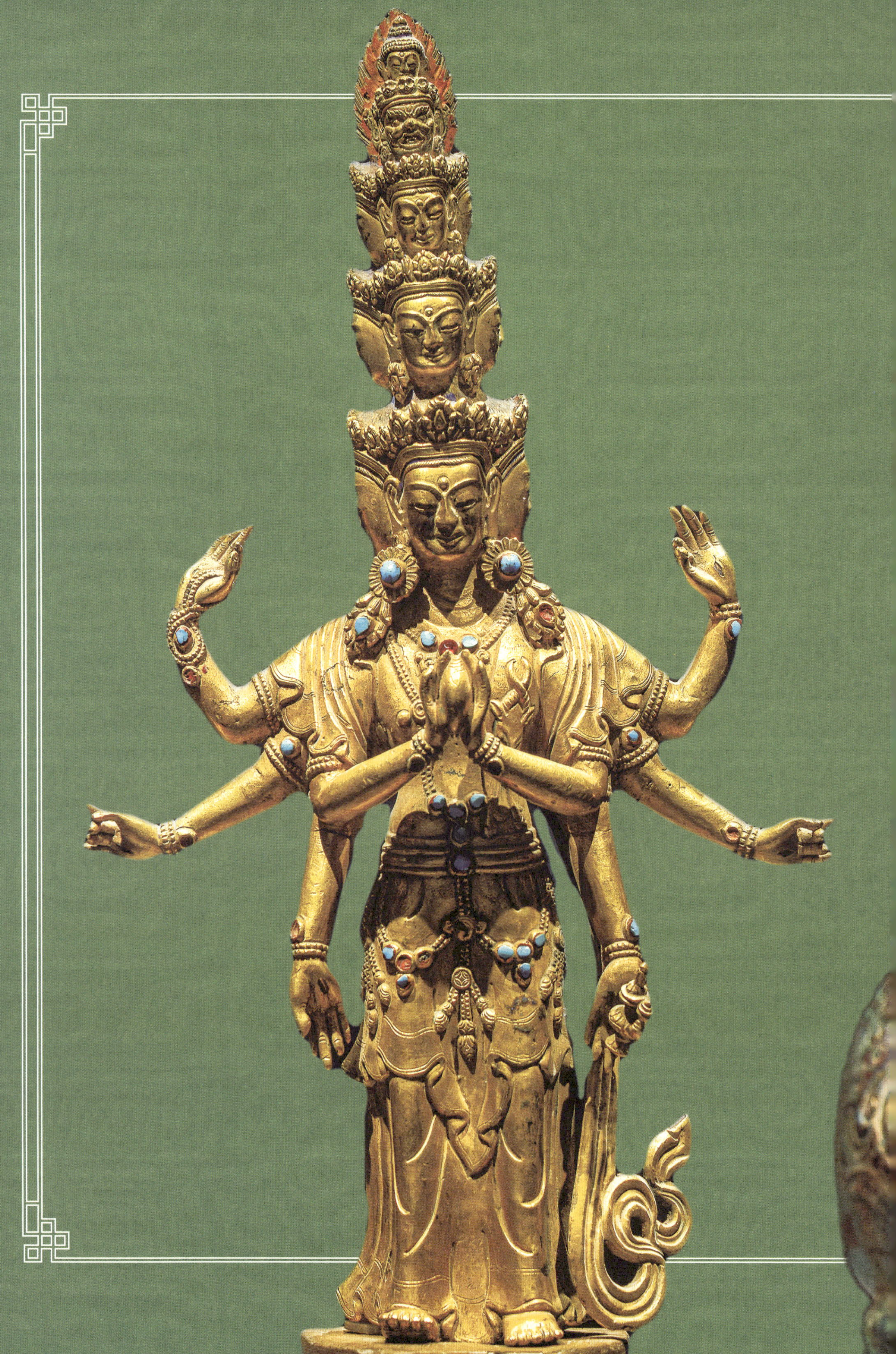

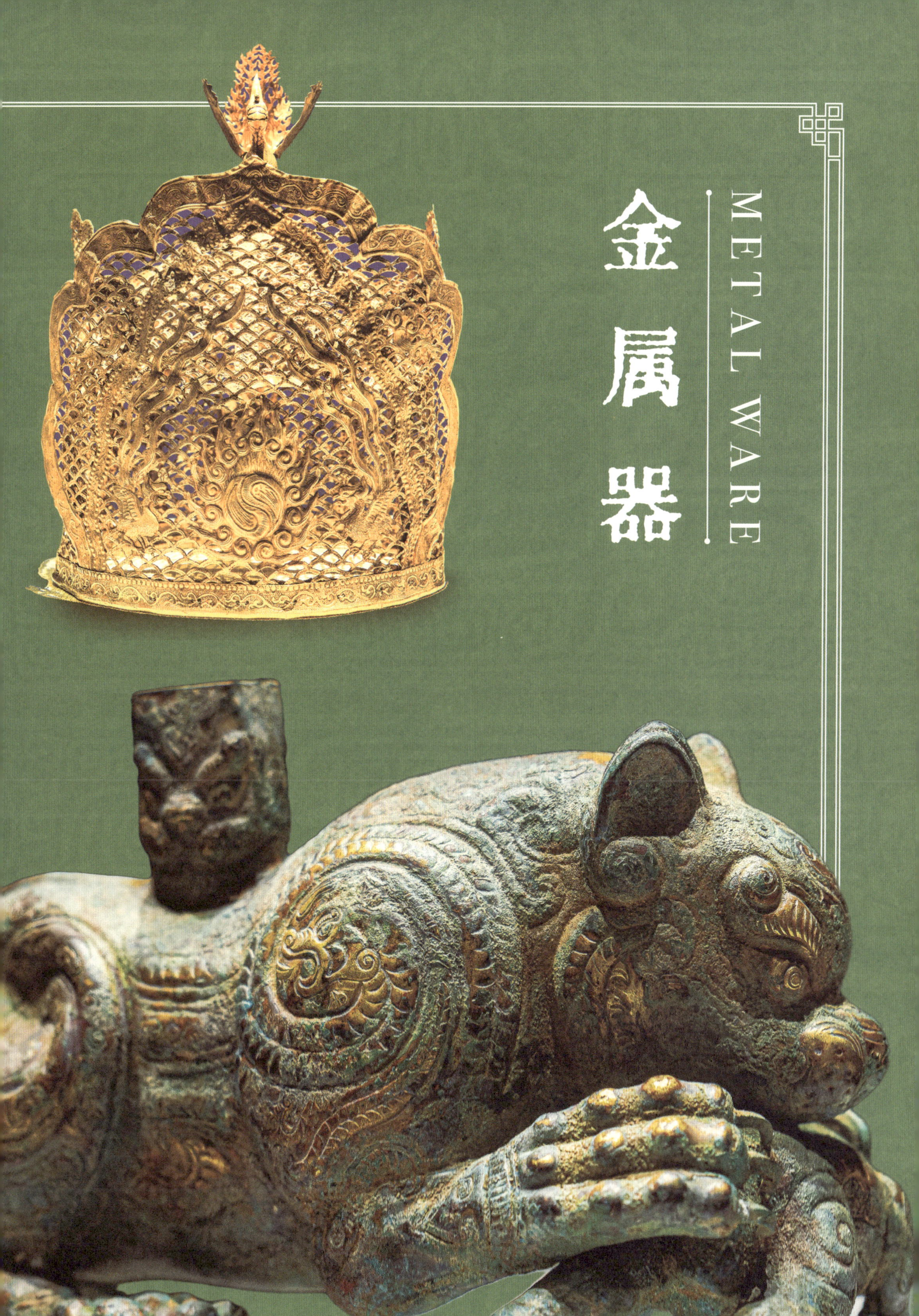
金属器
METAL WARE

# 青铜鎏金虎噬羊形器座

## 猛虎的猎杀时刻

老虎背部中央有一个正方形的铜插，高度大约6厘米，宽度约3厘米，推测是用于插放其他器物，比如铜镜、屏风或者乐器编钟等。

**国宝名称：** 青铜鎏金虎噬羊形器座
**所属年代：** 春秋
**出 土 地：** 甘肃省礼县大堡子山秦公大墓

作为春秋时期动物形文物的代表作品，这件青铜鎏金虎噬羊形器座高15厘米，长23厘米。其制作工艺精巧绝伦，细节刻画入微，生动捕捉了老虎扑倒小羊、大口欲噬的刹那，充分彰显了百兽之王的雄威与力量之美。

这件青铜器不仅彰显了秦地工匠的卓越技艺，更映射出秦人尚武、勇猛的文化底色。秦人对老虎这一百兽之王有着极高的尊崇。在先秦时代，以虎噬动物为主题的艺术作品屡见不鲜，如虎噬驴、虎噬鹿等。

正面图

虎口之中的羊蜷缩成一团，后肢分开，前肢反转撑地向后挣扎，嘴巴张开，仿佛在发出惨叫，看起来柔弱至极，生动地表现了动物界弱肉强食的自然法则。

这件青铜鎏金虎噬羊形器座整体为圆形空腔结构，老虎呈俯卧姿态，背部中央设有一个方形插孔。虎双眼圆睁，双耳直立，正吞噬着一只柔弱的小羊，整个造型既生动又带有夸张效果。器物表面曾施以鎏金工艺，尽管岁月流逝导致部分金层脱落，但依稀可见的金光仍闪烁其间。

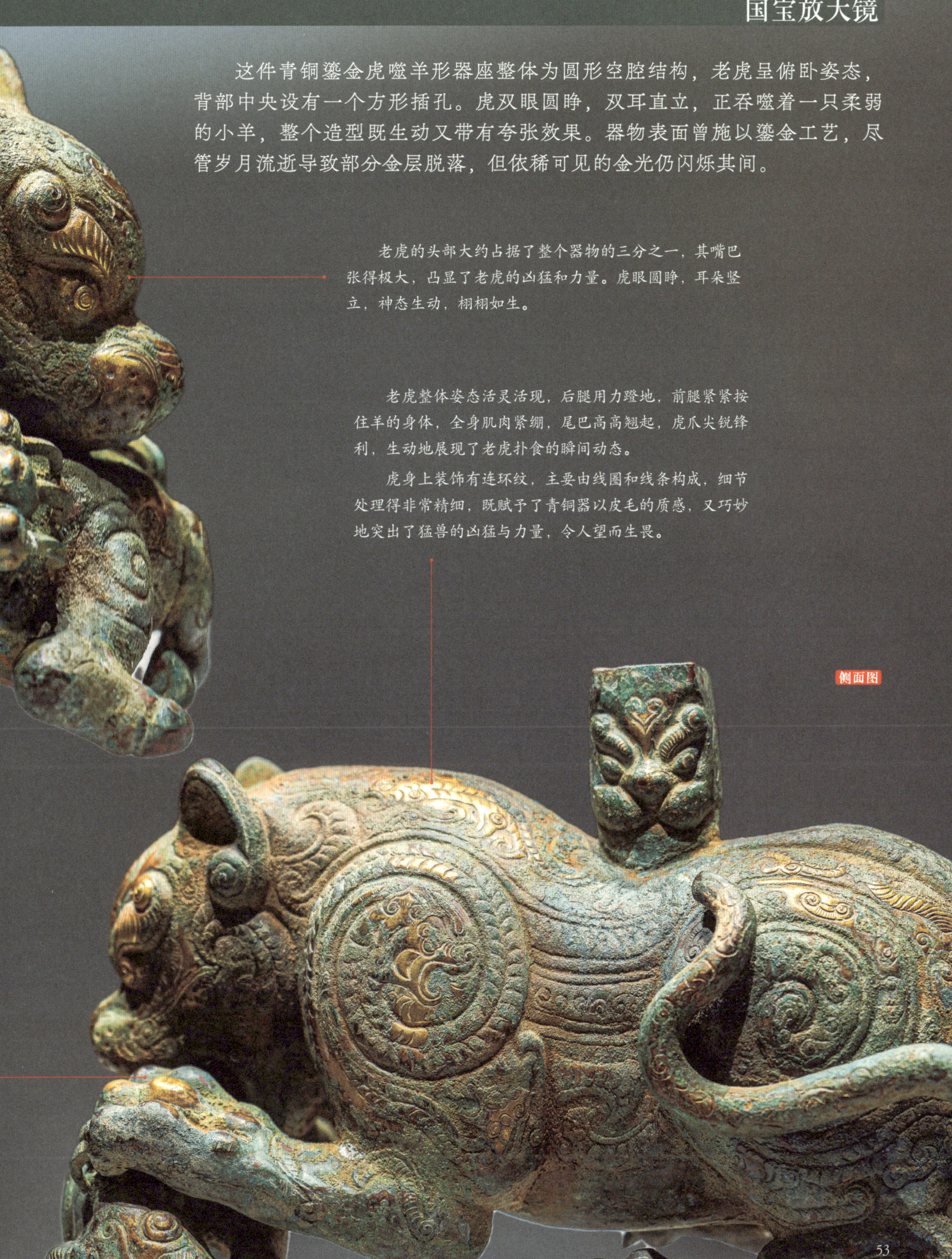

老虎的头部大约占据了整个器物的三分之一，其嘴巴张得极大，凸显了老虎的凶猛和力量。虎眼圆睁，耳朵竖立，神态生动，栩栩如生。

老虎整体姿态活灵活现，后腿用力蹬地，前腿紧紧按住羊的身体，全身肌肉紧绷，尾巴高高翘起，虎爪尖锐锋利，生动地展现了老虎扑食的瞬间动态。

虎身上装饰有连环纹，主要由线圈和线条构成，细节处理得非常精细，既赋予了青铜器以皮毛的质感，又巧妙地突出了猛兽的凶猛与力量，令人望而生畏。

侧面图

# 铜车马仪仗俑队

## 『凉州兵团』的豪华阵容

国宝名称：铜车马仪仗俑队
所属年代：东汉
出 土 地：甘肃省武威市雷台汉墓

这组铜车马仪仗俑队规模浩浩荡荡，气势磅礴。整个仪仗队涵盖车、马、人俑三大类，主车舆车通高36厘米，马高40厘米，奴婢俑高19.5—24厘米。

作为迄今所发现数量最多、阵容和气势最雄伟的车马仪仗铜俑，铜车马仪仗俑队不仅是汉代军事、交通和社会生活的重要缩影，更是研究汉代礼仪制度、铸造工艺和艺术审美的珍贵实物资料。它以精湛的工艺、恢宏的气势和深厚的历史内涵，可称汉代群体铜雕的杰出代表，为中国古代雕塑艺术史增添了浓墨重彩的一笔。

铜车马仪仗俑队与铜奔马同时出土于甘肃省武威市雷台汉墓。武威，古称凉州，历来为兵家必争之地，其西连张掖，南靠祁连山，北邻腾格里沙漠，有“通一线于广漠，控五郡之咽喉”之称，“燕赵多慷慨悲歌之士，烈士武臣多出凉州”之说。这种独特的地理位置和复杂的局势，促使武威的郡兵战斗力不断增强，并逐渐形成规模。汉墓中出土的铜车马仪仗俑队，正是当时武威郡兵强大实力的生动体现。

位于队列最前方的是威武雄壮的武士，他们整齐排列，气势凛然。每一位武士皆头戴冠帽，身穿交领长袍，衣襟整齐，彰显出他们的身份与职责。武士们一手稳稳握住马缰，一手则紧握长矛或戟，兵器笔直挺立，透出一股肃杀之气，仿佛随时准备迎接战斗。整个画面中，武士与马匹融为一体，既显露出威严的气势，又充满了动态的美感，仿佛将观者带回了那个金戈铁马的时代。

武士们所骑的马匹同样引人注目。这些马匹个个昂首挺胸，双目炯炯有神，仿佛在嘶鸣咆哮，展现出一种昂扬的斗志。马鬃和马尾随风轻扬，线条流畅而富有动感，仿佛下一秒就要奔腾而起。马的四足稳稳伫立，蹄子紧抓地面，肌肉结实有力，展现出一种蓄势待发的力量感。

这组铜车马仪仗俑队规模宏大，气势恢宏，由38匹铜马、1头铜牛、1辆斧车、4辆轺车、3辆辇车、2辆小车、3辆大车、1辆牛车、17个手持矛戟的武士俑和28个奴婢俑组成。队伍排列整齐，等级分明，武士的威严、奴婢的谦卑、车辆的华丽、马匹的矫健，共同构成了一幅古代贵族出行的宏大画卷。这不仅是对古代礼仪制度的生动再现，也是对当时社会等级结构的真实反映。

轺车之后是随行官员和亲属组成的方阵，该部分主要为数位官员所骑乘的马匹、家眷所乘坐的辇车及小车，每匹马旁还立有牵马的奴婢。官员骑的马匹与家眷乘坐的车辆相互呼应，奴婢穿插其间，形成了一幅等级分明、秩序井然的画面。

仪仗队伍的核心部分由一辆装有大斧的斧车和四辆配有华盖的轺车组成，这些车辆不仅是队伍的重要组成部分，更是墓主人显赫身份与地位的象征。斧车位于最前方作为先导，象征着权力与威严。轺车中华盖最大的一辆应为墓主人所乘的“安车”，其余3辆推测为墓主人下属高级官员所乘的“属车”。

局部图

千年前的奢华『落地灯』

国宝名称：十三盏铜连枝灯

所属年代：汉

出土地：甘肃省武威市雷台汉墓

这件十三盏铜连枝灯高146厘米，宽66厘米，原灯为13盏，现存9盏。其整体造型如同一棵枝叶婆娑的大树，制作精良，造型精美，是汉代青铜铸造工艺的杰出代表，更体现了古代贵族生活的奢华与精致。

这件十三盏铜连枝灯形似现代家居中的落地灯，不过它的高度比普通成人的身高要低，似乎在实用性方面存在一定的局限。那么，在汉代，它是如何被使用的呢？根据史料可以推测，这与汉代人“正坐”的日常坐姿有关。在这种坐姿下，这盏灯的高度恰好能让灯光落在跪坐者头顶侧上方的位置，为使用者提供适宜的照明。

在连枝灯的主干最顶端，装饰着一位镂雕的骑鹿羽人。这位羽人双臂高高举起，稳稳托住整件灯具中最大的灯盏。这一独特的设计，生动地反映了古人对于羽化升仙、长生不老和灵魂永恒的追求。

“十”字形托架横向四出，其四端各饰有透雕花叶，每层花叶纹饰各不相同，犹如灯树的层层枝干。

叶端托举一个小灯盏，每层有四个灯盏，盏沿又各有桃形叶饰，象征着火焰。

这件十三盏铜连枝灯的灯座为覆钵形，主干分为三段，段与段的衔接处均置有一个“十”字形托架。整件灯具灯枝的设置穿插错位，使得灯柱的直线与灯枝的曲线巧妙结合，造型生动优美。灯盏和托架上的花叶可以拆卸、重组，所以十三盏铜连枝灯的形制各异。

**小提示**

在古代青铜灯具中，“仙人骑兽”的元素并不少见，如仙人骑鹿、仙人骑凤等。这些造型有着深厚的文化寓意——象征着仙人借助瑞兽的力量升天，反映了汉代人对长生不老、羽化升仙的向往。例如，安徽博物院馆藏的汉代仙人骑兽灯，仙人骑于兽背之上，右手握圆形灯管，左手托圆形灯盘，头顶置有高冠灯管，灯管与兽腹相通。骑乘的神兽双角高耸，长须飘逸，双目圆睁，张口露牙，四足直立，整体造型生动，富有动感。

仙人骑兽灯（汉，安徽博物院）

器物小知识

# 汉代人青睐的青铜连枝灯

青铜连枝灯，作为中国古代青铜器中的瑰宝，是一种极具艺术价值的照明用具，广泛流行于汉代至魏晋时期。在那个凿壁偷光、囊萤映雪的年代，它多见于宫廷或达官显贵的府邸，是身份与地位的象征。青铜连枝灯堪称古代工艺美术的杰出代表，不仅照亮了古人的夜晚，更映照出那个时代的辉煌与奢华。

## 整体外观

青铜连枝灯的外观设计精巧复杂，其主体通常呈树形，由一个纵向主干和宽大的底座、多个横向分枝组成。分枝通常分为多层，并向外横伸，分枝的顶端设有灯盏，用于放置灯油和灯芯。整体造型错落有致，层次分明。

羽人御龙十三连盏树形灯（汉，广东大观博物馆）

青铜连枝灯（汉，黔西南州博物馆）

## 灯体装饰

灯体的主干、分支及顶部等常装饰动物、人物或花卉纹饰，如飞鸟、猴子、龙、凤等，形态栩栩如生。此外，灯的底座上也常施以装饰，如采用镂空、雕刻工艺来装饰云纹等图案。

## 象征意义

树木在古代文化中常被视为生命力的象征，所以连枝灯的树形结构隐喻生命的延续与繁荣。灯，代表着光明，故而连枝灯的多盏设计有着光明普照的寓意。独特的树形结构与灯盏的光明被认为是对仙境的模仿，寄托了古人对神灵、光明和权力的向往。

# 三星堆的青铜神树

拓展话题

青铜连枝灯与三星堆博物馆中的青铜神树在形制、文化内涵和象征意义上有着深刻的联系，两者都是中国古代神树崇拜的表现，体现了人们对神树崇拜的延续与发展。站在青铜神树前，我们仿佛能够穿越时空，与古蜀先民进行一场对话，感受他们对宇宙、生命和自然的独特理解与崇敬。

1号大型青铜神树（商，三星堆博物馆）

3号青铜神树（商，三星堆博物馆）

青铜摇钱树（汉，三星堆博物馆）

1号大型青铜神树被誉为全世界已发现的最大单件青铜文物，因此被冠以“一号神树”之名。此神树由底座、树身和龙三大部分组成，利用分段铸造法制成，并融合了套铸、铆铸、嵌铸等多项铸造工艺。

3号青铜神树出土时已经遭受了严重的损毁，经过考古团队多年的精心修复，这棵奇特的神树终于以崭新的姿态展现在世人面前。3号神树虽然体量较小，但其优雅神秘的造型和截然不同的风格让人印象深刻。

青铜摇钱树的造型极其精美，树枝上装饰着西王母坐像和仙人骑驴等图案，树冠顶部铸有一只展翅飞翔的朱雀，为摇钱树增添了一分神圣的光辉。

# 大云寺五重舍利宝函之铜匣

盛唐时期的藏宝「套装」

**国宝名称：** 大云寺五重舍利宝函之铜匣
**所属年代：** 唐
**出 土 地：** 甘肃省平凉市泾川县大云寺

“大云寺五重舍利宝函”这组文物包含5件舍利容器，分别是石函、铜匣、银椁、金棺、玻璃舍利瓶，层层套置而成。其中，铜匣作为第二层容器，其长、宽、高均为12.3厘米，重量为590克。整套舍利容器制作精巧且华丽，充分展现了盛唐时期金银细工的高超技艺。

泾川县大云寺地处丝绸之路要道，是佛教文化传入的关键枢纽。五重舍利宝函的出土，不仅印证了泾川县在佛教传播途中的重要位置，还映射出唐代丝绸之路上多元文化的交流与融合。

这件铜匣通体鎏金，工艺十分精湛。造型规整，尺寸相较于作为第一层容器的石函（长50.5厘米，宽49.5厘米，高42.5厘米）更小，以便能套置于石函之内。

**小提示**

忍冬纹的图案通常以藤蔓为主体，枝叶卷曲缠绕，线条流畅而富有韵律感，形态优美且富于变化。忍冬，是一种蔓生植物，因其凌冬不凋而得名。正因为它越冬而不死，所以其纹样被广泛应用于佛教艺术作品中，象征着人的灵魂永恒不灭及生命的轮回与永生。

大云寺五重舍利宝函的每一层容器都有着深远的寓意——石函代表着坚固，铜匣象征着庄严，银椁寓意着纯净，金棺彰显着尊贵，而玻璃舍利瓶则象征着纯净无瑕。整体设计充分展现了佛教对于“庄严净土”的向往与追求。

铜匣通体錾刻着精美的忍冬纹，排列整齐有序，整体对称且均衡，营造出一种庄重而静谧的节奏感和韵律美，进一步强化了其作为佛教文化载体的神圣与庄严氛围。这些精美的纹饰不仅起到了装饰美化的作用，更是佛教文化与传统工艺完美融合的生动体现。

铜匣的盖顶镶嵌有一朵银质的十二瓣莲花，莲花中心点缀着一枚桃形银珠，充分体现了唐代工匠对细节的精益求精。

俯视图

# 大云寺五重舍利宝函之金棺

凝聚千年信仰的舍利容器

金棺的棺盖与棺身精心镶嵌了金片、珍珠和绿松石，它们构成了朵朵盛开的莲花图案。其中，珍珠寓意着光明与圆满，绿松石象征着神圣与永恒。珍珠与绿松石的巧妙运用，不仅提升了金棺的视觉美感，还体现了盛唐工匠精湛的技艺和对细节的极致追求。

国宝名称：大云寺五重舍利宝函之金棺
所属年代：唐
出 土 地：甘肃省平凉市泾川县大云寺

大云寺五重舍利宝函中的金棺是这套舍利容器的第四层，其长7.5厘米，宽5.4厘米，高6厘米，重110克。

金棺之内，即为玻璃舍利瓶，瓶内装有14粒舍利。作为舍利的存放容器，金棺的精美华丽不仅体现了对佛陀的敬奉，也反映出唐代佛教信仰的虔诚与庄重。

大云寺五重舍利宝函中的这件金棺造型精巧，整体呈覆瓦式盖，与中国传统棺椁的形状相似。棺盖和棺身均由金片、珍珠和绿松石打造而成，运用了錾刻、镶嵌、雕刻等多种工艺，整体设计极为精致且华丽，完美地体现了盛唐时期金银工艺的卓越水平。

金棺的装饰以莲花为核心元素，其线条流畅自然，图案布局巧妙、疏密得当。棺盖和棺身上的大莲花周围环绕着小莲花，营造出层次丰富、错落有致的视觉效果。这种精美的装饰体现了佛教文化中莲花的象征意义——纯洁与超脱，寓意着佛陀的清净与智慧。

**小提示**

大云寺五重舍利宝函这种“棺椁式”舍利容器为中国传统丧葬文化与佛教舍利供养制度的结合。佛教传入中国后，在本土文化的影响下，舍利的存放方式从印度传统的覆钵塔形容器、罐形容器等类型逐渐转变为棺椁类容器，这一变化体现了佛教的中国化进程。

背面图

# 东罗马神人纹鎏金银盘

跨越欧亚地区的东罗马银盘

国宝名称：东罗马神人纹鎏金银盘
所属年代：公元4—6世纪
出 土 地：甘肃省白银市靖远县北滩

这件东罗马神人纹鎏金银盘直径31厘米，高4.9厘米，重3190克，在古罗马所辖区域内铸造。

在汉唐时期，甘肃省白银市是丝绸之路的关键节点，是中外商旅往来的重要通道。该银盘的出土意味着当时的甘肃地区与地中海沿岸的东罗马帝国之间除了商业贸易，还存在着文化、宗教等多个层面的交流。由此可见，东罗马神人纹鎏金银盘堪称古代丝绸之路东西方文化交流的重要实物资料。

这件东罗马神人鎏金银盘为银质，采用铸造、锤揲工艺精心打造，其表面原为鎏金，虽大部分金箔已脱落，但残留的少数金箔仍能让人遥想其昔日的华美。银盘内满布浮雕花纹，分三圈置列，主题图案为希腊神话中的酒神狄俄尼索斯。从银盘中心的浮雕图案来看，其设计之精妙、工艺之复杂，推测它并非是用于盛放食物的器皿，而是一件极具艺术价值的收藏品或工艺品。

银盘的中心是一幅高浮雕画面，一位青年男子斜倚在一头威猛的野兽身上，男子卷发，身躯健美，手持权杖，姿态优雅、神情闲适，仿佛在享受一个宁静的午后。

中心的外缘装饰着一圈精致的连珠纹，宛如一串璀璨的珍珠。中间一圈则是希腊奥林匹斯十二主神的浮雕头像，每个头像的左侧各有一只动物，这些动物也许是神祇的象征物，为整个银盘增添了几分神秘与庄严。

外圈的装饰以葡萄卷草纹为主，葡萄藤蔓缠绕，枝叶繁茂，其间栖息着小鸟、蜜蜂等小动物，充满了自然生物的灵动与生机。这些细腻的纹饰象征着生命的繁荣与活力，为整件银盘注入了蓬勃的生命力。

# 镂空凤鸟纹金冠

凤鸟飞舞的镂空金冠

| | |
|---|---|
| 国宝名称： | 镂空凤鸟纹金冠 |
| 所属年代： | 辽 |
| 材　　质： | 金 |

这顶镂空凤鸟纹金冠被学者推断为辽代某位皇室女性的饰品，出土地应位于内蒙古。辽代是中国历史上由契丹族建立的王朝，其文化兼具中原汉族文化与北方游牧文化的特色。这件金冠作为辽代金银工艺的典范之作，不仅是辽代贵族身份的象征，也体现了当时辽代社会对凤鸟纹饰的崇尚，还体现了北方游牧文化与中原汉族文化有着深厚渊源。

辽代各阶层的服饰逐渐汉化且规制日益严格，只有契丹贵族可穿戴“金冠盛服”（研究表明契丹金冠并非仅用于随葬），因此汉化的龙纹和凤纹则为皇族贵戚服饰专属。

这件镂空凤鸟纹金冠为圆筒形冠身，由4个花瓣形镂空网状金片拼合而成。金冠上的凤鸟和金翅鸟均振翅扬尾，神采非凡。前者挺胸张喙，似正鸣叫唱歌，寓意太平和美；后者高立冠顶，似正俯视天下，彰显王者风范。此金冠整体形态端庄华美，工艺精湛复杂，兼具非凡的艺术造诣与深厚的历史底蕴。

冠顶正中傲然伫立着一只金翅鸟，其双足踩在莲花座上，鸟尾巴高高翘起，展翅欲飞，似有破空而起之势。

每个花瓣形镂空网状金片上饰鱼子纹，各金片边缘有内、外两层连珠纹凸棱，其间饰卷草纹。冠身正、背面各饰一硕大的火焰宝珠纹和一对站姿凤鸟，冠身两侧各饰折枝菊花纹和变形云纹。冠顶正中饰一只立于仰莲座上的鎏金金翅鸟。此金冠制作时集镂空、錾刻、锤揲、焊接等多种工艺于一体，比如凤鸟的翅、尾上均錾刻出根根分明的细密短线，以模拟羽毛的纹理。

金冠上的火焰宝珠纹被作为主体纹饰之一重点刻画，轮廓圆润，凹凸有致。火焰宝珠纹随佛教传入中国，自隋唐之后常被装饰于佛教法器、葬具、墓室等的顶部或正面。此冠上的火焰宝珠纹中央罕见地饰有一幅形似太极图的阴阳鱼式图案，其含义和由来有待进一步研究。

# 精妙绝伦的金冠

在中国古代，金冠是权力、礼仪与艺术的完美结合体，其象征意义极为深远。中国古代金冠的制作工艺极为复杂，融合了金属加工、宝石镶嵌和艺术设计等多种技术，所以每一顶金冠都凝聚着古代工匠的智慧，每一处细节都体现了他们超凡的工艺水平。

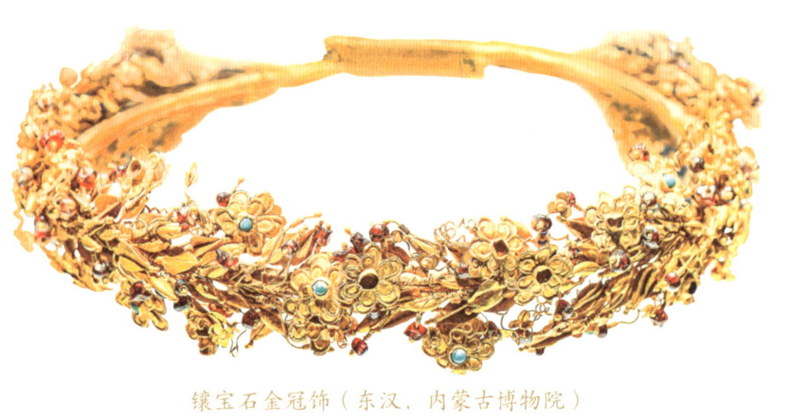

镶宝石金冠饰（东汉，内蒙古博物院）

镶宝石金冠饰通体呈花环状，每一朵花的中心都镶嵌了各色宝石，色彩斑斓，熠熠生辉，展现了工匠在金属加工上的高超技艺，使得金冠在视觉上极具美感。

鹰顶金冠饰（战国，内蒙古博物馆）

鹰顶金冠饰采用锤揲、镌镂、抽丝、编索、镶嵌等复杂工艺制作而成。整个金冠的核心为立于冠顶的雄鹰，鹰的头和颈部用绿松石制成，通过金丝连接，可以自由摆动，雄鹰展翅欲飞，栩栩如生。

嵌东珠金凤冠整体运用金累丝工艺精心打造，凤口衔接着流苏，其上点缀着翠羽，同时还镶嵌了多种宝石、珊瑚和珍珠。整件金冠工艺极为复杂，色彩丰富，对比鲜明，通体显露出雍容华贵的气质。

嵌东珠金凤冠
（清，台北故宫博物院）

# 金辉熠熠的古代饰品

拓展话题

除了整件金冠，古代的金质首饰种类繁多，涵盖了金冠配饰、各类头饰，以及耳饰、颈饰、腕饰等。这些首饰通常运用铸造、雕刻、镶嵌、累丝等多种精湛工艺制作而成，每一处细节都闪耀着金色的光芒。

金簪花（明，钟祥市博物馆）

金簪花的顶部，精妙地焊接着一朵绽放的金花，它以牡丹花的华贵姿态呈现，象征着富贵与繁荣。每一片花瓣都经过了匠人的巧手锤揲，形成了立体而生动的形态，仿佛在诉说着故事。

印花金镯（一对）（辽，辽宁省博物馆）

印花金镯镯面于鱼子纹地上装饰着一排高浮雕梅花纹，朵花为主，点缀以叶片；两边渐窄，饰凹凸状竹节纹。整器形态端庄，寓意美好。

金帔坠（一组两件）（辽，中国国家博物馆）

金帔坠精美大气，呈鸡心形。其正面中央分别錾刻双龙（一说为双摩羯）和环绕以缠枝蔓草的独凤；内、外边缘为连珠纹凸棱；内部于鱼子纹地上分别錾刻一周卷草纹和叶纹，余地镂空。整体用料华贵，制作考究。

镂空葫芦形金耳坠（一对）（明，中国江南水乡文化博物馆）

镂空葫芦形金耳坠下方坠着由金累丝花球串联而成的葫芦，葫芦空心，体形上小下大，花球之上花团簇拥，葫芦腰间缠绕连珠纹饰，增添了流动的美感与层次感。

# 八思巴文虎符圆牌

## 元代的『国际通行证』

这件八思巴文虎符圆牌，是一种朝廷或王公派遣使者处理军政急务时使用的特殊信物。圆牌通体以铁质铸就，文字为银质，通高18厘米，直径11.7厘米，重249克。在元代，这种圆牌被视作“国际通行证”，持有者可以在全国各地及蒙古四大汗国境内畅行无阻。

符牌的历史源远流长，最早起源于中国古代的兵符制度，主要用于传达命令、调兵遣将。元代为了巩固其辽阔的疆域并促进多民族之间的交流与融合，继承了古代的符牌制度并加以创新发展。由此可见，这件虎符圆牌不仅是处理军政急务的重要信物，更是元代统治者权力的象征，承载着深厚的历史与文化意义。

国宝名称：八思巴文虎符圆牌
所属年代：元
材　　质：铁

圆牌顶端精巧地设置了一个椭圆形活环，便于系绳佩戴，这种独特的设计在元代极为罕见。

在《马可·波罗游记》中，马可·波罗在护送阔阔真公主前往伊尔汗国和亲的途中，元世祖特赐予他两面金符牌。而当马可·波罗准备从伊尔汗国返回意大利时，阔阔真公主又赠予他四面金符牌。这些金符牌或许为马可·波罗的漫长旅途提供了一些“通关便利”。

圆牌的文字部分采用银质镶嵌工艺，正反两面有凸起的八思巴文正体字，内容为“上天眷命，皇帝圣旨，如不钦奉虔敬，治罪”。这些文字不仅彰显了虎符圆牌的权威性，更体现了元代人们对法令的严肃态度与敬畏之心。

这件八思巴文虎符圆牌整体造型呈水滴状。圆牌的顶部设置了可拆装的活环；上方三角形部分刻着虎头纹饰；下方正圆部分则嵌有八思巴文正体字，整体设计巧妙，造型精致。

圆牌的正反两面均雕刻有虎头花纹，纹饰细腻流畅，虎面威猛，寓意威严与权力。在中国传统文化中，虎被视为瑞兽，是王权的象征，此圆牌上的虎纹进一步凸显了其作为权力信物的功用。

**小提示**

八思巴字，是元朝忽必烈时期由国师八思巴创制的蒙古文字，主要用于官方文书、符牌、印章和货币上。其脱胎于古藏文字母，属于拼音文字体系，共有41个字母。八思巴字的创制与推广在一定程度上推动了社会的文明进程。

# 鎏金十一面观音像

## 穿金戴宝的观音菩萨

观音像头部分为五层，自下而上看，下三层头部均为观音面，第四层头部呈怪笑相，第五层头部为佛像，整体呈塔状。

观音像生八臂，两主臂合于胸前，手捧摩尼宝珠；另有两对臂膀分别上举和平举，各结说法印与斯克印；另外一对臂膀下垂，左手执法器，右手结施愿印，显示宝相庄严之感。

国宝名称：鎏金十一面观音像
所属年代：明
材　　质：铜

这尊鎏金十一面观音像高34厘米，采用铜胎铸造，表面施以鎏金工艺，镶有绿松石与红蓝宝石，堪称佛教造像艺术中的瑰宝。

这尊观音像不仅反映了明代佛教造像艺术的成熟与技艺的精湛，还生动诠释了当时的信众对佛教的虔诚和崇敬。

这尊鎏金十一面观音像通体施以精湛的鎏金工艺，金光熠熠，尽显庄重与华美。观音的耳饰、项圈、臂钏、腰饰上都巧妙地镶嵌了绿松石与红蓝宝石等。这些宝石不仅为造像增添了绚丽的色彩，更赋予了其深远的文化与宗教内涵，使其在庄严中透出灵动，在华丽中彰显神圣。

这尊造像的观音面容丰腴而端庄，低眉垂目间流露出无尽的安宁与慈悲。细腻的工艺勾勒出观音菩萨的慈悲与庄严，仿佛能跨越时空，传递那份深邃的宁静与庇佑。

绿松石宛如一泓清泉，象征着纯洁与神圣；红宝石似一团炽热的火焰，寓意着热情、力量与智慧。这两种宝石的结合，不仅在视觉上形成强烈的对比，还在文化内涵上象征了观音的慈悲与智慧。

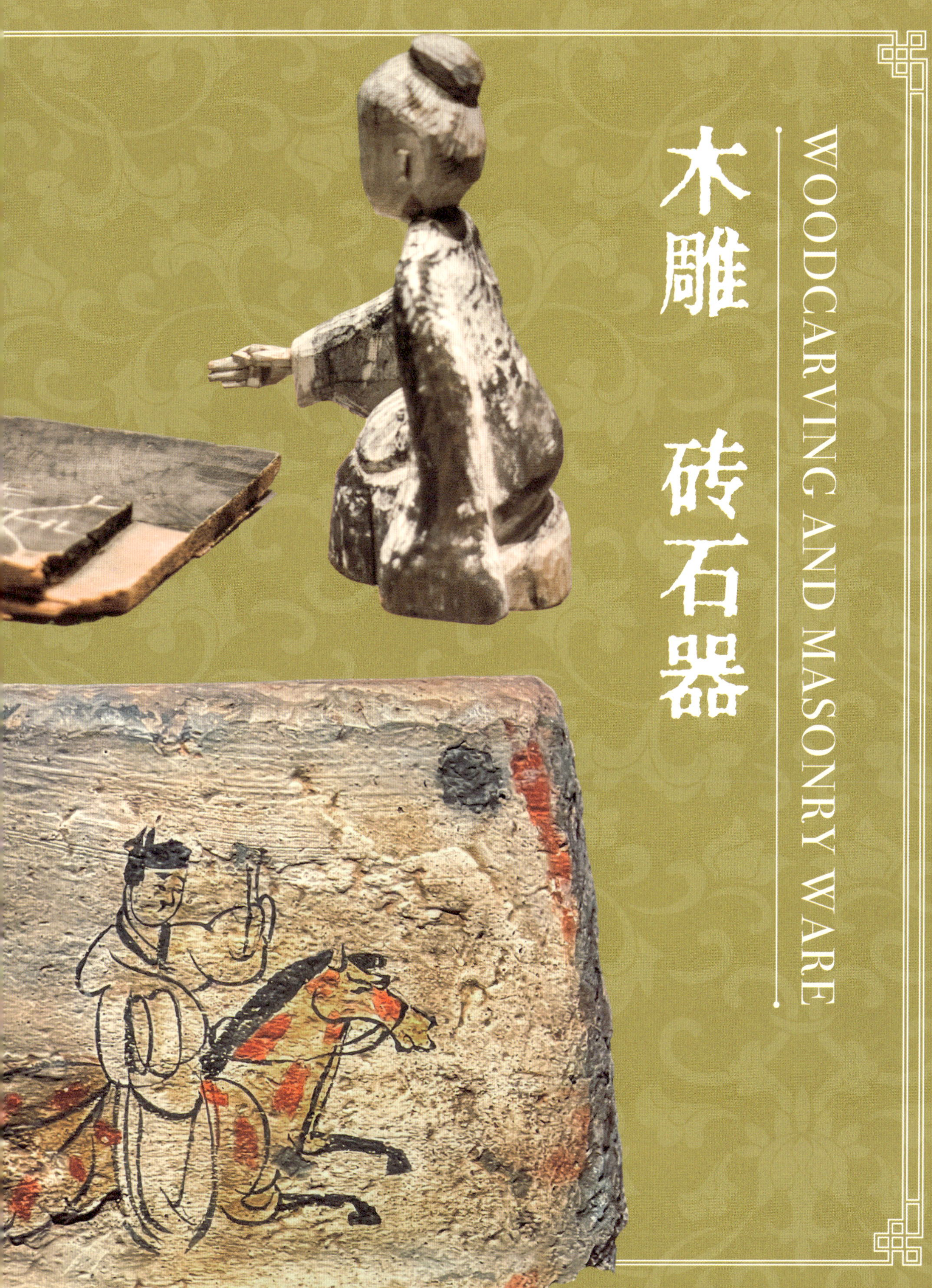

# 木雕 砖石器

# WOODCARVING AND MASONRY WARE

# 彩绘木雕博戏俑

## 汉代老年人的悠闲生活

国宝名称：彩绘木雕博戏俑
所属年代：汉
出 土 地：甘肃省武威市磨嘴子汉墓

这组彩绘木雕博戏俑由两位跪坐老者和一张棋盘组成。其中一位老者高29.1厘米，宽15.5厘米；另一位高26.7厘米，宽14.6厘米。棋盘长29.2厘米，宽19.3厘米。工匠以生动的造型和精湛的雕刻技艺，巧妙地捕捉并再现了两位老者全神贯注对弈的瞬间，使这组文物成为研究汉代社会生活和娱乐文化的珍贵实物资料。

左侧的老者右臂置于膝盖上，左臂向前伸展，五指伸直并拢，目光平和地凝视着前方，仿佛正向对面的老者发出对弈的邀请。

两位老者的脸部和手部均被涂白，细腻的墨线勾勒出面部五官，格外生动传神。他们都身着交领衣袍，衣袍以稳重但柔和的灰色为底色，衣纹则以白色粗线勾勒。领口、袖口和襟口处施以浓重的墨色，更添几分庄重与古朴。

棋盘以深邃的黑色为底，棋格则以清晰的白线勾勒，棋盘下方衬托着一块黑色的掷骰木枰。这种巧妙的设计，不仅在视觉上显得大方美观，更明了地体现了当时棋类游戏的规则与形式，仿佛将我们带回了那个充满智慧与乐趣的汉代棋局之中。

右侧的老者左臂自然垂于身侧，右臂向斜下方伸出，右手的拇指与食指夹持着一枚棋子，好像正欲将这枚棋子稳稳地落在棋盘之上。

这组彩绘木雕博戏俑以质地轻便且易于加工的松木为材料，经工匠精心雕琢而成。木雕技艺十分精湛，人物造型简洁而传神，两位老者的姿态、表情和动作被刻画得栩栩如生。这组文物不仅展现了汉代工匠们高超的雕刻技艺，更体现了他们对生活细节的敏锐观察，是汉代木雕艺术的代表作品之一。

在我国古代博戏中，除了广为人知的“六博”之外，还有一种名为“双陆”的棋盘游戏也曾风靡一时。这种游戏盛行于唐宋时期，通常使用长方形棋盘，棋盘两侧左右各有六条梁，黑白棋子各十五枚，通过掷骰子决定棋子的移动。唐代周昉绘制的《内人双陆图卷》中，就描绘了唐代宫廷贵妇对弈双陆的场景。

《内人双陆图卷》（局部）（唐，台北故宫博物院）

器物小知识

# 风靡汉代的“六博”游戏

秦汉时期，“六博”非常风靡，上至皇室贵族，下至平民百姓，皆热衷于这一游戏。例如，湖南博物院所藏的漆绘博具，盒内为分层设计，配有棋盘、棋子等博戏用具，展现了当时六博棋具的精美工艺和博戏文化的独特魅力；而河南博物院藏有的六博俑，不仅刻画了相对完整的六博棋具，还生动再现了古人痴迷对弈的场景。

漆绘博具（西汉，湖南博物院）

## 玩法及规则

“六博”归属于掷采行棋的类别，因游戏时需用到六根博箸而得名。六博的玩法主要分为“大博”和“小博”。在《博经》中，曾具体记载了小博的玩法规则，至今能找到最详尽的记录：“博法：二人相对为局，局分为十二道，两头当中为‘水’，用棋十二枚，古法六白六黑。又用‘鱼’二枚，置于水中……二人互掷彩行棋，棋行到处即竖之，名为‘骁棋’。即入水食鱼，亦名‘牵鱼’。每牵一盔，获二‘筹’……获六‘筹’为大胜也。”

## 衰落与传承

随着历史的演进，“六博”这一古老游戏逐渐淡出人们的视野，然而其规则与精神却在其他棋类游戏中得以延续。比如，在唐代之后，“六博”的具体规则逐渐遗失，但它的核心玩法却在象棋等游戏中被保留了下来。

六博俑（东汉，河南博物院）

# 古画中热爱下棋的男女老少

拓展话题

在古代，下棋作为一种高雅的娱乐活动，深受各类人群喜爱。在一些古画中也描绘了对弈场景，这些画面不仅记录了古人对棋艺的热爱，更为后世研究古代棋类文化与古代生活提供了重要资料。

在《长春百子图卷》中，孩童们在四季变换的庭院中嬉戏玩耍，其中不乏对弈的场景。画面中，下棋的孩童神情专注，似乎在思考下一步的棋路；观棋的孩童则围在旁边，有的托腮凝视，有的交头接耳，天真活泼的神态跃然纸上，童趣盎然。

《长春百子图卷》（局部）（宋，台北故宫博物院）

《宋人十八学士图轴》（局部）（宋，台北故宫博物院）

在《宋人十八学士图轴》中，下棋对弈的场景充满了文人雅趣。画面中，两位学士相对而坐，棋盘置于两人之间，两人神情专注，眉头微蹙，手中摩挲棋子，似乎在棋局中寻找制胜的关键。周围几位学士和仆人围绕观看，气氛凝重而静谧。

在《汉宫春晓图》中也有对弈的场景，两位女子对坐在棋盘两侧，衣着华丽，发髻高挽，面容姣好。她们的纤纤玉手在棋盘上落子，举止优雅且从容。周围的宫女们或凝神屏息观看棋局，或轻声交谈，整个场景显得格外雅致。

《汉宫春晓图》（局部）（明，台北故宫博物院）

# 彩绘木舞俑

国宝名称：彩绘木舞俑
所属年代：汉
出 土 地：甘肃省武威市磨嘴子汉墓

这组彩绘木舞俑以削制工艺精心打造，通体高16.3厘米，底宽6.2厘米，造型小巧而灵动。工匠运用简洁的线条与色彩，巧妙地捕捉并刻画出舞者的姿态与情感，生动地展现了汉代舞蹈艺术的灵动之美。

汉代是中国古代文化的繁荣时期，而河西走廊作为丝绸之路的关键通道，文化交流尤为频繁，社会生活丰富多彩。木舞俑的出土不仅反映了汉代河西地区舞蹈艺术的流行，更体现了当时人们对美好生活的热爱与追求。

两个木舞俑的姿态充满了动感与韵律。一臂屈肘置于胸前，另一臂向上举，头部微微侧转，似乎正沿着举起的手臂看向斜上方，从柔美而活泼的姿态中，我们仿佛能感受到舞者在那一刻的心灵飞扬。

木舞俑的五官和衣领边缘以黑、红两色彩绘。尽管岁月的侵蚀使得部分彩绘已经脱落，但依然能够清晰地辨认出细腻的装饰纹路。透过这残存的色彩，可以想象到木舞俑服饰原貌的华贵与典雅。

这组木舞俑以“舞蹈”为核心主题，两个木舞俑的发式整齐束起，身披长袍，相对而立，对视起舞，造型鲜活灵动，周身仿佛环绕着一种欢快愉悦的氛围，令她们情不自禁地手舞足蹈。

**小提示**

陶立舞俑（东汉，成都博物馆）

在古代的宴会、庆典和祭祀等场合，乐舞扮演着极为关键的角色。舞俑的出现不仅展现了古人对舞蹈艺术的热爱，还反映了他们希望在来世延续歌舞升平的生活、享受这种礼仪的愿景。汉代是舞俑艺术的繁荣时期，例如成都博物馆藏的这一东汉时期的陶立舞俑眉眼含笑，神态生动，其水袖和裙裾流畅飘逸，展现出强烈的动感。

# 彩绘木马

陇原幻彩驹

正面图

木马的眼、鼻、唇等部位通过刀刻体现细节，双目直视，鼻孔粗大，嘴巴微张，双耳耸立，线条简洁却极为传神，不仅保留了马的温驯特质，还凸显了河西骏马的威武与迅捷。

国宝名称：彩绘木马
所属年代：汉
出 土 地：甘肃省武威市磨嘴子汉墓

这匹彩绘木马体型魁梧，高87厘米，长72厘米，整体形态雄壮有力，线条简练而精准，既体现了汉代工匠对马匹形态的精准把握，也展现了他们对艺术表现力的深刻理解。

这匹彩绘木马不仅是汉代木雕艺术的代表之作，也是汉代社会骏马文化与尚武精神的生动体现。它反映了汉代社会对马匹的重视，彰显了马在当时军事、交通以及文化领域中的核心地位与重要作用。

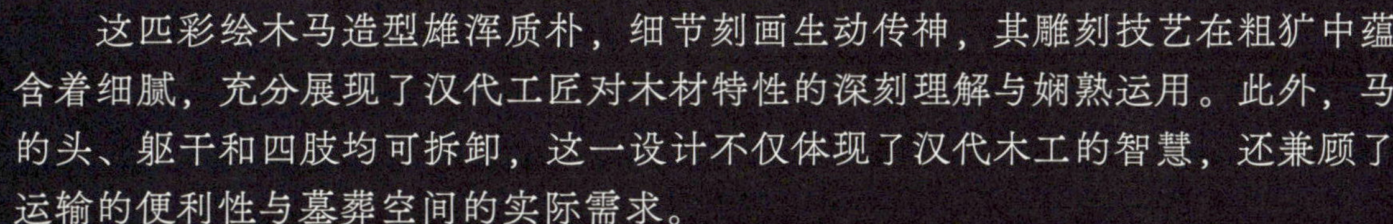

这匹彩绘木马造型雄浑质朴，细节刻画生动传神，其雕刻技艺在粗犷中蕴含着细腻，充分展现了汉代工匠对木材特性的深刻理解与娴熟运用。此外，马的头、躯干和四肢均可拆卸，这一设计不仅体现了汉代木工的智慧，还兼顾了运输的便利性与墓葬空间的实际需求。

马尾高高扬起，仿佛正在随风飘动，整体线条十分流畅。这种设计不仅让马的造型更加生动逼真，还巧妙地为整个木马增添了一分灵动感与真实感。

马鞍的设计巧妙地突出于马腹，展现出一种立体的厚重感。橙黄色的底色赋予了它宛如皮革般的质感，其上的墨色线条勾勒出简洁却不失精致的纹饰。马鞍的中间微微凹陷，为骑马者提供了舒适的条件，利于其长途跋涉。

木马的四足直立，稳稳伫立，整体姿态沉稳却又充满张力。尽管它处于静态，但通过那强健的肌肉线条，仿佛能感受到它正在积蓄体内的力量，随时准备奔腾在广阔的草地上。

# 『驿使图』壁画砖

中国最早的『快递小哥』

这块“驿使图”壁画砖以米白色为底色，搭配黑色线条勾勒，再以赭红与黄色巧妙点缀，细腻地描绘出千年前的驿使策马疾驰于古丝绸之路的生动场景。

画面中的驿使头戴黑帻，身着皂缘领袖中衣，左手紧握棨传文书（古代一种信物，用于通过关卡和驿站，帮助驿使畅行无阻），策马疾驰，生动展现了一人一马“与时间赛跑”的紧迫感。

驿使面部未绘制嘴巴，这一细节或许有着“守口如瓶”的寓意。因古代驿使所传递的多为政令、军情等极为重要的信息，所以这一设计体现了邮驿传递过程中对信息保密的严格要求。

马匹四蹄腾空，仿佛在戈壁绿洲的古路上飞驰。马尾以“飞白”笔法一笔挥就，体现出其随风飞扬的动态。这种写实与写意相结合的描绘方式，不仅展现了马匹疾驰时的张力，还让人仿佛能听到马蹄声，感受到风驰电掣的速度。

国宝名称：“驿使图”壁画砖

所属年代：魏晋

出 土 地：甘肃省嘉峪关市魏晋5号墓

“驿使图”壁画砖长35厘米，宽17厘米，为中国古代邮驿文化的重要见证，是目前已知最早的古代邮驿形象资料。

“驿使图”壁画砖不仅生动展现了中国古代邮驿的信息传递方式，而且作为丝路文物，还侧面展现了甘肃作为丝绸之路重要节点的交通地位，深刻反映了当时多元文化交融的社会背景。

## 小提示

这块“驿使图”壁画砖在中国邮政史上具有极为重要的意义。1982年，为纪念中华全国集邮联合会第一次代表大会的召开，邮电部发行的一枚纪念邮票（小型张）的主图正是这幅“驿使图”。1995年，“驿使图”再次被作为中国邮政储蓄卡的封面图。

# 魏晋壁画砖上的生活百态

除了“驿使图”壁画砖，甘肃省博物馆还展出过大量以日常生活场景为绘画题材的其他壁画砖。这些壁画砖生动地再现了魏晋时期河西走廊地区人们的衣食住行、农耕劳作、出行交通、娱乐休闲等生活场景。

“牛耕图”壁画砖

“牛耕图”中一位农夫头发挽髻，身着短衣，手持牛鞭，正专注地驾驭着一黑一白两头健壮的牛耕地。牛低着头，奋力向前拉犁。木犁深深插入肥沃的土壤，翻起层层新泥，一幅生动的古代农耕场景跃然眼前。

“煎饼图”生动展现了古人烙饼的场景。画面中，一位身着红色长袍的古人跪坐于地上，其左侧以白描手法勾勒出了煎锅与火焰。烙饼人看似正手持铲子，但双眼时刻盯着煎饼的火候和颜色。

“煎饼图”壁画砖

“扛臿出工图”壁画砖

“扛臿出工图”描绘了农民出工劳作的场景。画面中，两名农民肩扛臿（一种农具），身着朴素短衣，背部微弯，一前一后地朝着庄稼地的方向走去，整幅画展现了古代劳动人民的辛勤与朴实。

拓展话题

“烤肉煮肉图”描绘了古人烹饪肉品的场景。画面之中，跪坐的两人面前各置一锅，锅上的肉品好像正在散发着缕缕香气，人物翻飞的衣袖体现出他们的忙碌。整幅画面充满了烟火气息。

“烤肉煮肉图”壁画砖

“牛车出巡图”壁画砖

“牛车出巡图”中一头健壮的牛正牵引着一辆与其体型大小相近的牛车。牛的右前蹄高高抬起，左后蹄微微离地，似是正在向前行进。整个画面十分简洁明了，却不失对缰绳、牛背线条等细节的刻画。

“禀报图”描绘了一位官员正在禀报事情的场景。画面中，两人头戴官帽，均为跪坐状。左侧的人应是禀报者，其上身微微立起，右手向后指，好似在示意某人或某事。他对面坐着的人物姿态相对轻松闲适，目视禀报者，似乎在仔细聆听。

“禀报图”壁画砖

“牧马图”壁画砖

“牧马图”描绘了枣红色马和白马各三匹，马群正飞奔向前。在马群的后方，站着一位男子，他深目高鼻，头戴巾帻，身穿窄袖右衽长袍，脚蹬马靴，右手持鞭，左手高举，似是正在驱赶马群。

# 高善穆石造像塔

流传千年的『许愿塔』

国宝名称：高善穆石造像塔
所属年代：北凉
出 土 地：甘肃省酒泉市石佛湾子

这件高善穆石造像塔由黑色岩石细致雕刻而成，高44.6厘米，底径15.2厘米，由北凉时期一个名为“高善穆”的人为其父母祈福而造，是一座典型的“许愿塔”。此塔不仅承载了铸造者对父母的感恩与祈愿，还体现了当时佛教信徒通过造像塔来表达孝道和祈福的习俗。

高善穆石造像塔是目前已发现的中国模仿印度覆钵塔的最早实例材料，且保存完好、雕刻精美，体现了佛教与中国本土文化的融合，反映了当时社会的宗教信仰和文化交流。

宝顶

七重相轮

塔颈

覆钵

经柱

基柱

此塔上的铭文清晰记载了其建造初衷——“高善穆为父母报恩，立此释迦文尼得道塔”，且明确标注了北凉承玄元年（公元428年）这一确切年号，有着重要的历史纪年价值。

高善穆石造像塔自上而下，由宝顶、七重相轮、塔颈、覆钵、经柱、基柱六部分构成（基座已遗失）。其整体造型借鉴了印度的覆钵式塔形，形似倒扣的圆底钵。这种造像既保留了印度佛塔的基本形制，又融入了北斗七星、八卦等道教符号，因此多被学者称为“佛道混合造像碑”。

短塔颈承托着七重相轮，相轮即贯串在刹柱上的圆环，隐喻佛教的轮回和圆满。宝顶的宝盖上阴刻着北斗七星的图案，加深了其寓意“天穹”的内涵。

覆钵状塔肩上开有八个圆拱形佛龛，每龛内均浮雕佛像，其中七个龛内为禅定坐佛，余下一龛内为交脚弥勒。佛像的发髻均被磨光，体现了十六国佛像的特点。

经柱呈圆柱体，其上刻满了隶书字体的经文与发愿文，共计36列。笔触刚劲有力，笔画挺拔，展现了当时的书风。

基柱呈八角形，雕刻工艺精湛。每面均以线刻技法刻画人物像，共八位，四男四女，男像上身袒露，佩戴项圈，下穿犊鼻裈；女像上身着圆领对襟衫，下身穿曳地长裙，手中或捧花或持宝珠。

# 甘肃省其他博物馆名录（节选）

敦煌研究院

天水市博物馆

平凉市博物馆

兰州市博物馆

甘肃简牍博物馆

武威市博物馆

中国工农红军西路军纪念馆

临夏回族自治州博物馆

和政古动物化石博物馆

白银市博物馆

天水市博物馆

酒泉市博物馆

玉门市博物馆

灵台县博物馆

庆阳市博物馆

南梁革命纪念馆

嘉峪关长城博物馆

金昌市博物馆

天水民俗博物馆

张掖市博物馆

定西市博物馆

会宁县博物馆

高台县博物馆

庆城县博物馆

镇原县博物馆

庄浪县博物馆

张家川县博物馆

肃南裕固族自治县民族博物馆

华亭市博物馆

敦煌市阳关博物馆

金塔县博物馆

临洮县博物馆

渭源县博物馆

陇西县博物馆

礼县博物馆

甘肃省博物馆宛如一座沉淀着甘肃悠久历史与丰富文化的艺术宝库，乃探索古代丝绸之路文化交融的绝佳窗口。这件人头形器口彩陶瓶是大地湾遗址出土的200余件彩陶中，唯一一件塑有人形的彩陶瓶。陶瓶为细泥红陶质地，内含少量白色细砂，器腹部以黑彩描绘几何纹饰，仿佛一位穿着花裙的少女。如此栩栩如生的造型设计无疑成为吸引我们前往欣赏的理由。

# 人头形器口彩陶瓶

**图书在版编目（CIP）数据**

甘肃省博物馆 / 红糖美学著. -- 武汉：华中科技大学出版社，2025. 6. --（中国博物馆全书）.
ISBN 978-7-5772-1814-4

Ⅰ. G269.274.2

中国国家版本馆CIP数据核字第2025C07F05号

中国博物馆全书. 第三辑 甘肃省博物馆　　红糖美学　著

Zhongguo Bowuguan Quanshu. Di-san Ji Gansu Sheng Bowuguan

出版发行：华中科技大学出版社（中国·武汉）　　电话：（027）81321913
华中科技大学出版社有限责任公司艺术分公司　　（010）67326910-6023
出 版 人：阮海洪

责任编辑：张　颖　刘昊威　夏瑞付　林晓春　　封面设计：魏　薇
责任监印：赵　月　张　丽

制　　作：王玉平
印　　刷：河北朗祥印刷有限公司
开　　本：889mm × 1194mm　1/16
印　　张：60
字　　数：663千字
版　　次：2025年6月第1版第1次印刷
定　　价：998.00元（全10册）